lonely planet

DE CERCA
RÓTERDAM

Catherine Le Nevez

Sumario

Arriba: Kinderdijk (p. 132).
Abajo: Delfshaven (p. 76).

xplora Róterdam 31

Guía práctica 143

DESDE ARRIBA: PIDJOE/GETTY IMAGES ©, MIHAIULIA/GETTY IMAGES ©

★ Imprescindible

Merece la pena

El viaje empieza aquí

Róterdam desprende una energía única. Puede que sea por la resiliencia demostrada en su reconstrucción casi desde cero, capaz de convertir la devastación de la II Guerra Mundial en estimulantes oportunidades. O, quizá, por la animada rivalidad con Ámsterdam como la segunda mayor ciudad del país que es. O, tal vez, por sus humildes raíces portuarias. O, a lo mejor, por una combinación de todo ello. Ver cómo se hacen realidad ideas aparentemente inconcebibles, como su pionero canal de surf urbano, sintetiza bien el encanto de esta ciudad en perpetuo movimiento y con una determinación y un optimismo irresistibles.

Catherine Le Nevez

Catherine, autora de Lonely Planet desde el 2004 con contribuciones en más de cien guías de veintitantos países, tiene un doctorado en Escritura Creativa y un insaciable deseo de viajar.

Paisaje urbano de Róterdam.

RUDYBALASKOR/GETTY IMAGES ©

LO MEJOR

Arquitectura

Tras la II Guerra Mundial, Róterdam supo aprovechar el desastre para levantar osados edificios junto a las estructuras supervivientes de los bombardeos; y sigue habiendo arquitecto visionarios que redefinen su perfil urbano.

Visitar el asombroso 'palacio de cristal' que es la **Van Nelle Fabriek** (p. 72; foto), fábrica centenaria declarada Patrimonio Mundial por la Unesco.

Admirar el alucinante mural con frutas y verduras que cubre el arqueado techo interior del **Markthal** (p. 44), en una construcción con forma de herradura invertida que también acoge apartamentos; vale la pena reservar una visita guiada.

Entrar en el icónico **Blaakse Bos** (p. 47), un 'bosque' de casas cúbicas amarillas y blancas sobre pilares con una inclinación increíble.

Contemplar la **Huis Sonneveld** (p. 36 residencia familiar de la década de 1930 y magnífico ejemplo de funcionalismo bien preservado.

Maravillarse ante la modernista **Witte Huis** (p. 41; foto) de 1898, primer 'rascacielos' de Europa (45 m) y uno de los escasos edificios que siguió en pie en la ciudad tras la II Guerra Mundial

Dcha.: Blaakse Bos (p. 4

LO MEJOR

Sitios para comer

Esta multicultural ciudad portuaria y sus alrededores permite probar sabores de los Países Bajos y el resto del mundo, abarcando desde recetas tradicionales y económica comida callejera hasta alta cocina con enfoque sostenible.

Atiborrarse de crujientes y esponjosas patatas fritas cubiertas de mayonesa, salsa de cacahuetes o la picante mezcla *oorlog* (con cebolla) en el **Schipper Patat** (p. 53), una institución local.

Tomar el té en la **Royal Delft** (p. 105), fábrica del s. XVII de cerámica pintada a mano.

Devorar pringosos *stroopwafels* (gofres con sirope de caramelo) en el **Kamphuisen Siroopwafels** (p. 134), en la quesera Gouda.

Elegir entre distintas cocinas del globo en el Pakhuismeesteren de la Compañía Neerlandesa de las Indias Orientales, ahora **Foodhallen Rotterdam** (p. 92).

Degustar pescado y marisco recién capturado por su propia flota en el **Simonis aan de Haven** (p. 127), en el puerto de Scheveningen (La Haya).

Kamphuisen Siroopwafels (p. 134

LO MEJOR

Sitios para beber

Hay excelentes cervecerías por doquier que sirven *bier* tras eliminar el exceso de giste con una espátula, así como destilerías de *jenever* (ginebra neerlandesa) en Schiedam.

Percibir el aroma de cebada y trigo malteados en la destilería de *jenever* que acoge el **Nationaal Jenevermuseum Schiedam** (p. 80; foto), en el distrito de destiladores neerlandeses de Schiedam, donde están los molinos de viento más altos del mundo.

Tomar un taxi acuático desde el bar de **Kaapse Brouwers** (p. 91) en Katendrecht como parte del circuito por su cervecera de Keilehaven.

Ir al **Giraffe Coffee Bar & Academy** (p. 56), proveedor de café a escala nacional que organiza talleres como el del arte del *latte* y catas abiertas.

Pedir una *tripel* Mayflower en la clásica cervecería **Stadsbrouwerij De Pelgrim** (p. 82; foto) de Delfshaven, junto a la Oude of Pelgrimvaderskerk donde oraron los padres peregrinos antes de zarpar.

Disfrutar de cervezas artesanales bajo la grúa del antiguo astillero **Oase** (p. 83).

LO MEJOR

Arte

Esta región de gran legado artístico (Vermeer pasó toda su vid en Delft y Rembrandt nació en Leiden) depara obras maestras del Siglo de Oro neerlandés, pero también de rompedores creadores contemporáneos.

Dejarse cautivar por las joyas al óleo de la **Mauritshuis** de La Haya, como *La joven de la perla* de Vermeer; la entrada también vale para la Galerij Prins Willem V (p. 114).

Pisar el **Depot Boijmans Van Beuningen,** primer almacén de arte del mundo totalmente accesible que alberga la colección del museo epónimo (p. 38) durante su renovación.

Admirar arte contemporáneo de Róterdam en la **Kunstinstituut Melly,** parte del Kunstblock (bloque artístico) en Witte de Withstraat (p. 51).

Descubrir los orígenes de Rembrandt en Leiden, incluidos sus estudios y obras tempranas, en el **Museum De Lakenhal** (p. 136).

Examinar desde una plataforma elevada el ciclorama **Panorama Mesdag,** representación de Scheveningen pintada en el s. XIX (p. 121)

Ver la mayor colección mundial de obras de Piet Mondrian en el **Kunstmuseum Den Haag** (p. 124).

Dcha.: Mauritshuis (p. 114)

LO MEJOR

Actividades al aire libre

Cuando el tiempo acompaña, Róterdam y alrededores invitan a ponerse en forma, desde pedalear en entornos urbanos y campestres hasta surfear y remar sobre una tabla en los canales.

Surcar las olas entre los rascacielos del centro en **RiF010 Urban Surf Rotterdam** (p. 44; foto), una especie de sueño cumplido desde el 2024.

Montarse en una bici en Leiden y atravesar los campos de tulipanes de **Bollenstreek** (p. 136), que florecen en primavera.

Refugiarse de la jungla de hormigón, vidrio y acero del vasto **Kralingse Bos** (p. 61), un parque ideal para andar, pedalear, cabalgar y practicar deportes acuáticos en el lago.

Divertirse sobre la tabla en la arenosa playa de Scheveningen, donde ofrecen lecciones y alquilan equipo de surf, o probar alguna otra modalidad en la **escuela de 'kitesurf' de Vissershavenweg** (p. 124).

Hacer rápel en la torre de observación **Euromast** (p. 78; foto), emblema de Róterdam desde 1960.

Explorar los preciosos canales de Delft en los circuitos de surf de remo de **Sup & Surf Delft** (p. 106).

DESDE LA IZDA.: EDWIN MULLER PHOTOGRAPHY/SHUTTERSTOCK ©, DMITRY RUKHLENKO/SHUTTERSTOCK ©

Maritiem Museum Rotterdam (p. 48).

LO MEJOR

Experiencias náuticas

Róterdam, el mayor puerto de Europa, es perfecta para comprender la tradición marinera de los Países Bajos; en la ciudad y alrededores no faltan ocasiones de navegar, a veces la única manera de acceder a ciertos lugares.

Hacer un crucero con **Koninklijke Spido** (p. 49) para ver el puerto y el perfil urbano de Róterdam desde el agua, o hasta la gigantesca terminal de contenedores.

Visitar el **SS 'Rotterdam'** (p. 90), gran buque de vapor de Holland America Line atracado de forma permanente.

Participar en exposiciones interactivas, ver trabajar a herreros y subir a bordo de barcos históricos en el **Maritiem Museum Rotterdam** (p. 48).

Tomar el autobús acuático hasta **Kinderdijk** (p. 132), un hermoso pueblo con 19 molinos de viento en canales, Patrimonio Mundial de la Unesco

---

Alquilar una embarcación de **Bootjes en Broodjes** (p. 139) para recorrer la pintoresca red de canales de la histórica ciudad universitaria de Leiden.

Hortus Botanicus Leiden (p. 137)

LO MEJOR

Museos

Se recomienda visitar varios de sus excelentes museos para conocer mejor la zona de Róterdam, sus gentes y cómo los lugares han llegado a ser lo que son.

Descubrir el impacto de los bombardeos de la II Guerra Mundial y ver conmovedores efectos personales en el **Museum Rotterdam '40-'45 NU** (p. 74).

Asistir a las narraciones fotográficas del **Nederlands Fotomuseum** (p. 90), en su nueva sede en el almacén Pakhuis Santos de Rijnhaven.

Ver espeluznantes instrumentos de tortura en la cárcel medieval del **Rijksmuseum de Gevangenpoort** (p. 122), parte de las fortificaciones originales de La Haya.

Entender el homenaje a las culturas de todo el orbe en el **Wereldmuseum Rotterdam** (p. 48).

Ir al **Hortus Botanicus Leiden** (foto arriba p. 137), el jardín botánico de Leiden, que acoge un "museo vivo" y un antiguo observatorio.

Ahondar en la historia de la migración humana en el **FENIX** (p. 91).

Lo mejor para niños

)ar de comer a los pingüinos y demás :riaturas adorables en el **Diergaarde 3lijdorp** (p. 64), un zoo orientado a la conservación de las especies.

Subir a bordo de barcos históricos unto al fantástico **Maritiem Museum 'otterdam** (p. 48) y aprender de forma interactiva usando simuladores de grúas y gobernando timones.

Sentirse un gigante en el maravilloso parque temático de La Haya **Madurodam** (p. 126), que acoge miniaturas de lugares de interés de todos los Países Bajos.

Atreverse a mirar a través del suelo de cristal del ascensor Euroscoop conforme se asciende a lo alto de la torre **Euromast** (p. 78).

.prender sobre fósiles, la sorprendente biodiversidad de Róterdam y otros aspectos de la historia natural en el **Het Natuurhistorisch Museum** (p. 46); los niños entran gratis los miércoles.

Lo mejor gratis

Disfrutar de vistas mágicas desde la azotea ajardinada del **Depot Boijmans Van Beuningen** (p. 38), gratis (con ascensor directo) las noches en que abre su restaurante.

Visitar el espléndido jardín decimonónico **Historische Tuin Schoonoord** (p. 79), en una antigua finca rural oculta junto al Het Park.

Escuchar la audioguía del centro de visitantes del **Vredespaleis** (p. 125), el Palacio de la Paz de La Haya y sede del Tribunal Permanente de Arbitraje y del Tribunal Internacional de Justicia.

Acceder gratis a las exposiciones sobre arquitectura urbana, diseño y cultura digital en el **Het Nieuwe Instituut** (p. 45) del Museumpark los jueves por la tarde-noche.

Acudir a la vanguardista galería **Kunstinstituut Melly** (p. 51) en Witte de Withstraat para los eventos de Kunstavond el viernes por la noche, cuando exposiciones y programas son de libre acceso.

Tres días perfectos

A continuación se proponen itinerarios con lo mejor de Róterdam y, para quien tenga más tiempo, excursiones a las cercanas Kinderdijk, La Haya, Delft y Leiden.

Erasmusbrug (p. 89).

PRIMER DÍA

Si solo se dispone de un día

MAÑANA

Se empieza en el **Depot Boijmans Van Beuningen** (p. 38; foto), que acoge la colección del museo epónimo mientras se renueva; este edificio con forma de bol revestido de espejos es una obra de arte, además de regalar magníficas vistas desde la azotea.

TARDE

Tras ver más atractivos del Museumpark como la **Huis Sonneveld** (p. 36), se aconseja dirigirse al este por Witte de Withstraat, llena de bares y galerías, hasta Leuvehaven para vivir una experiencia náutica en el **Maritiem Museum Rotterdam** (p. 48), incluida la visita a los barcos atracados al lado.

NOCHE

No es mala idea tomar un taxi acuático al **Hotel New York** (p. 92) para cenar y tomar una copa en su terraza asomada a la ciudad.

SEGUNDO DÍA

Un fin de semana

MAÑANA

El **Parqiet** (p. 75) es una delicia para desayunar en medio de la vegetación del **Het Park** (p. 78). Se recomienda subir a la adyacente torre **Euromast** (p. 78), donde los más temerarios pueden hacer rápel.

TARDE

Ahora toca encaminarse al oeste hasta el pintoresco barrio de Delfshaven, uno de los pocos que escapó a la destrucción bélica. No está de más tomar una cerveza en el **Stadsbrouwerij De Pelgrim** (p. 82) y jugar con las máquinas *vintage* en el **Dutch Pinball Museum** (p. 79).

NOCHE

En Noord se halla el **Hofbogen** (p. 64; foto), viaducto ferroviario en desuso cuyos arcos acogen hoy tiendas y sitios para comer como la zona de restauración en la antigua **Station Bergweg** (p. 66).

TERCER DÍA

Una escapada

MAÑANA

El asombroso **Markthal** (p. 44; foto) invita a examinar el mural de su techo interior mientras se curiosea entre sus puestos de comida y bebida. Luego, se pueden surcar las olas de la piscina al aire libre **RiF010 Urban Surf Rotterdam** (p. 44), en pleno centro urbano, u observar a quienes se animan a hacerlo desde la terraza del **Surfbar & Kitchen** (p. 53).

TARDE

Desde el elegante puente **Erasmusbrug** (p. 89), un autobús acuático lleva a **Kinderdijk** (p. 132), pueblo declarado Patrimonio Mundial donde pasear o pedalear por plácidos caminos de sirga con molinos de viento tradicionales.

NOCHE

Después de la travesía de regreso, nada mejor que una cena a base de frutos del mar en el **Zeezout** (p. 53) y *jazz* en directo en el **Dizzy** (p. 82).

Con más tiempo: La Haya

MAÑANA

La Haya, sede gubernamental y monárquica del país, merece un día entero. La primera parada debería ser la **Grote Kerk** (p. 122), iglesia a cuya torre se puede subir. De paseo por Gravenstraat se llega al lago **Hofvijver** (p. 123) y el **Binnenhof** (p. 123), centenaria cuna parlamentaria cuya renovación llevará años. Luego toca admirar algunas obras maestras como *La joven de la perla* de Vermeer en la **Mauritshuis** (p. 114). Los fanáticos de las creaciones de M. C. Escher no querrán perderse el **Escher in Het Paleis** (p. 116).

TARDE

No está nada mal darse un garbeo entre las miniaturas del parque temático **Madurodam** (p. 126; foto) tocante al boscoso Scheveningse Bosjes. La playa orientada a ponient de **Scheveningen** (p. 123), repleta d chiringuitos, es perfecta para disfrut del atardecer.

NOCHE

De vuelta en el centro de La Haya, se podría asistir a un espectáculo d música o danza en el espléndido cent cultural **Amare** (p. 125) y rematar la velada con unos cócteles en **Gold B** (p. 129), ubicado en una antigua cáma acorazada para reservas de oro.

Madurodam (p. 12

Excursión a Delft

La ciudad de Vermeer es una joya lentificada con la cerámica pintada le azul que aún se elabora a mano en la **Royal Delft** (p. 105; foto); tras a visita a la fábrica, cabe almorzar en su cafetería.

Se puede hacer un crucero por los anales con **Rondvaartdelft** (p. 106) si hace calor, explorarlos a golpe de mo con **Sup & Surf Delft** (p. 106). La ubida de los 376 escalones hasta lo o de la **Nieuwe Kerk** (p. 104) hay que lebrarla con una cerveza en el **Markt** (p. 105).

na cena en el almacén del s. XVI que acoge el restaurante **De Centrale** (p. 107) y una copa en algún bar del **Beestenmarkt** redondearán la jornada.

Excursión a Leiden

Paseando junto a los canales se llega al **Museum De Lakenhal** (p. 136), con obras tempranas de Rembrandt, y al **Young Rembrandt Studio** (p. 138), donde despegó la carrera del magistral pintor.

El **Hortus Botanicus** (p. 137) alberga plantas raras de todo el planeta, además del **observatorio** (p. 137) universitario más antiguo del mundo. También se podrían visitar museos prestigiosos como el **Rijksmuseum van Oudheden** (p. 136; foto), es decir, el Museo Nacional de Antigüedades. En primavera, los jardines **Keukenhof** (p. 138) abren con motivo de la floración de los tulipanes.

Se cena en el **Lot en de Walvis** (p. 137), en el puerto viejo, y se bordea el canal Herengracht de camino a los bares junto al puente Koornbrug.

Prepararse

ANTES DE PARTIR

Tres meses antes Mejor reservar el alojamiento lo antes posible, pues los hoteles no tardan en colgar el completo.

Un mes antes Cada vez más museos exigen reservar una franja horaria en línea, algo particularmente recomendable en los más populares.

Una semana antes En la sección "Eventos" de la web de información turística de Róterdam es posible consultar la agenda y reservar entradas.

Costumbres

Los autóctonos tienen una mentalidad relajada y abierta, pero el respeto hacia los demás es fundamental (está mal visto saltarse la cola); también valoran la puntualidad, por lo que llegar tarde se considera descortés.

Los neerlandeses son directos y no pretenden ofender con su sincera opinión; no es producto de la mala educación, sino de la voluntad de comunicarse honesta y claramente.

¿"Holanda" o "Países Bajos"?

Solo dos de las 12 provincias de los Países Bajos conforman Holanda: Noord-Holland (Holanda Septentrional; aquí se halla la capital, Ámsterdam) y Zuid-Holland (Holanda Meridional; aquí están Róterdam, Delft, La Haya, Kinderdijk, Gouda, Leiden y Bollenstreek). La populosa conurbación que abarca estas dos provincias y la de Utrecht se denomina Randstad. El nombre oficial del Estado es "Países Bajos" y no "Holanda".

Conviene saber

Alojamiento Las estructuras viejas quizá carezcan de aire acondicionad y/o ascensor (pese a sus escaleras estrechas y empinadas); debido a una actitud liberal, podría haber poc intimidad en los baños (retretes incl.

Día de cierre La mayor parte de museos y bastantes tiendas y restau-rantes cierran el lunes, por lo que es mejor alargar el fin de semana con el viernes.

Seguridad Las zonas donde se debe extremar las precauciones, sobre toc de noche, son las inmediaciones de l estaciones de trenes Centraal y Blaa la de entre Delfshaven y Schiedam e West y los rincones apartados de Zu Se aconseja consultar las recomend ciones de viaje del país de origen y la web *english.nctv.nl*.

Idioma En general, la gente habla inglés con fluidez, pero intercambiar palabras en neerlandés se aprecia y enriquece.

PROPINAS

Solo gratificaciones modestas en ciertas ocasiones.

5% — **estaurantes cocteleríaso redondeo**
o redondeo

Inusual — **Bares, 'pubs' y cafés**

5-10% — **Taxis**

1-2 € — **Botones**

RESUPUESTO DIARIO

conómico Menos de 150 €

- Cama (dc): **35-60 €**
- Patatas fritas: **4 €**
- Hamburguesa y cerveza: **20 €**
- Torre de la Laurenskerk: **7,50 €**
- Taxi acuático: **5 €**

edio Entre 150-300 €

- Habitación doble: **desde 120 €**
- Sándwich: **8-12 €**
- Cena (2 platos) y cóctel: **35-55 €**
- Entrada al Depot Boijmans Van Beuningen: **20 €**
- Crucero (75 min) con Koninklijke Spido: **17,50 €**

lto Más de 300 €

- Habitación doble (hotel de lujo): **desde 200 €**
- Almuerzo (plato principal): **20-30 €**
- Menú de 7 platos con maridaje de vino (restaurante de categoría): **120 €**
- Concierto en De Doelen: **30-80 €**
- Alquiler de embarcación privada: **desde 260 €/día**

Moneda
Euro (€)

Idioma
Neerlandés (y, en general, inglés fluido)

Hora local
Hora central europea (GMT/UTC +1)

NISSRINE MAHMOUD/SHUTTERSTOCK ©

CONSEJO

Es práctico descargar la *app* Róterdam Guía de Viaje (con mapas, agenda, planificación, etc.) y solicitar la Rotterdam City Card *(rotterdam.info)* para obtener descuentos y otras ventajas.

Cuándo ir

Róterdam tiene atracciones permanentes y temporales todo el año, así que sobran razones para descubrir o redescubrir la ciudad.

La estación del año influye mucho a la hora de visitar la ciudad y sus alrededores. El verano tienta con jornadas cálidas, pícnics en parques, escapadas a la playa, salidas en barco, deportes acuáticos y numerosos festivales. En otoño arranca la temporada cultural. El invierno puede conllevar lluvia, nieve y viento (sobre todo junto al agua), lo que fomer la cualidad neerlandesa de la *gezelligheid* (socialización) bajo techo en cafés y espacios creativos. En primavera hay una explosión de color en el campo, como la floración de los tulipanes de Bollenstreek.

Grandes eventos

Enero/febrero El **International Film Festival Rotterdam** se celebra anualmente a lo largo de 11 días en **Schouwburgplein** (p. 52) y otros puntos; se pone énfasis en películas independientes y experimentales y se otorgan los premios Tiger a promesas de la industria.

Junio Más de 125 actividades (circuitos, talleres, exposiciones, proyecciones...) tienen lugar en 40 ubicaciones durante el **Rotterdam Architectuur Maand (Mes de la Arquitectura de Róterdam).**

Julio A mediados de mes se ded can tres días al **festival North S Jazz** (el mayor del mundo a pue cerrada), en que más de mil mús cos protagonizan 150 actuacione en 15 escenarios del complejo Rotterdam Ahoy; la fiesta sigue en el club de *jazz* **Bird** (p. 64) de Hofbogen.

Septiembre El puerto centra la atención durante tres días de principios de mes con motivo de **World Port Days,** cuando una multitud se agolpa en el paseo marítimo para asistir a desfiles

Clima

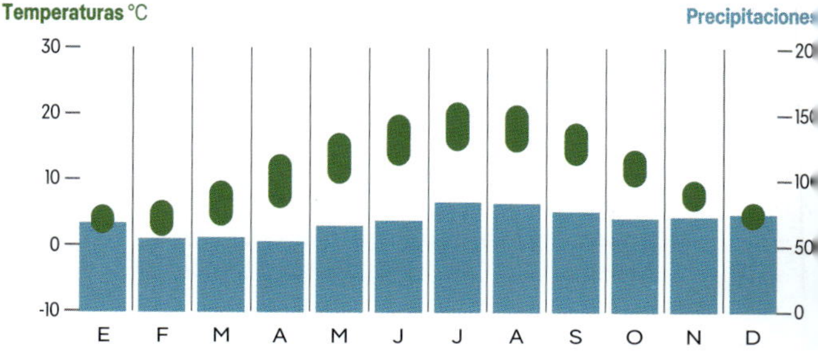

Festival North Sea Jazz.

barcos, demostraciones de la
nada Real, exhibiciones aéreas,
iciertos y fuegos artificiales.

ros eventos de interés

ril La iglesia de 1824 Haıkerk acoge el festival de tres s **Nederlands Jeneverfestival hiedam,** que incluye clases ıgistrales sobre *jenever* (ginebra ɜrlandesa) y competiciones de ɛtelería.

ayo Los **Rotterdamse Dakengen (Días de las Azoteas de terdam)** trasladan la acción as alturas con una semana de ɜrturas especiales, conciertos y arlas que revelan otra faceta de ciudad.

Junio El **Rotterdam Bluegrass Festival** lleva la música a **Noordplein** (p. 63) tres días a finales de mes.

Agosto Con proyecciones en un jardín de esculturas bajo las estrellas, el **Roffa Mon Amour** brinda la oportunidad de ver películas diversas y de echar una ojeada al centro artístico Brutus (recinto descrito como "un cruce entre laberinto y máquina del tiempo, entre refugio antiaéreo y plataforma de lanzamiento, entre laboratorio y ruina industrial, entre gabinete de curiosidades y centro de pensamiento").

ALOJAMIENTO

Róterdam recibe más visitantes entre mayo y septiembre, cuando hace mejor empo y se programan más eventos especiales. En abril (menos el Día del Rey) y octubre, temporada media, hay mayor disponibilidad de camas y mejores precios. Se recomienda reservar siempre con antelación.

Cómo llegar

La mayoría de los visitantes llegan vía el aeropuerto de Ámsterdam-Schiphol o la estación de trenes Centraal de Róterdam; hay un aeropuerto más pequeño en la ciudad y una terminal de ferris en la cercana Hoek van Holland.

Puntos de entrada

Estación Centraal de Róterdam

La modernísima estación de trenes Centraal está en el extremo de Centrum que linda con Noord. Los servicios de Eurostar enlazan con Bruselas (70 min) y París (2 h 45 min), mientras que el tren nocturno de European Sleeper conecta tres veces por semana con Berlín y Praga. Los autobuses de la compañía internacional FlixBus (*flixbus.nl*) paran en Conradstraat, enfrente de la salida oeste de Centraal; algunos destinos directos son Ámsterdam, Berlín, Bruselas, Copenhague y París.

Aeropuerto de Róterdam-La Haya

Con vuelos a/desde 50 ciudades europeas, este aeropuerto queda menos de 6 km al noroeste de Róterdam. El autobús 33 lleva de él a Meijersplein, donde se toma línea de metro E hacia Róterdam (al sur) o La Haya (al norte). La carrera en taxi hasta el centro de Róterdam cuesta 37,50 € y dura 15 min.

Desde el aeropuerto de Schiphol

Tren

El aeropuerto de Ámsterdam queda 58 km al norte de Róterdam. Su estación de trenes está bajo la terminal de llegadas; los Sprinter a Róterdam (desde 14,50 €, 50 min) paran de camino en Leiden, La Haya y Delft, mientras que los InterCity (2,90 € extra, 30 min) van más rápido y directos. No hay autobuses entre Schiphol y Róterdam.

ETIAS

En el 2025 está previsto introducir el Sistema Europeo de Información y Autorización de Viajes (ETIAS) aplicable a 59 territorios exentos de visado hasta la fecha; costará 7 € y se solicitará vía la web *travel-europe.europa.eu/etias*.

Cómo desplazarse

ına, Róterdam se explora bien a pie, aunque los barrios fuera del ıtro son considerablemente extensos. Como en el resto del país, gente suele moverse en bicicleta, aunque la ciudad cuenta con un tema integrado de metro, tranvía, autobús y taxi acuático. Además, y conexiones ferroviarias con Delft y La Haya.

:icleta

y negocios de alquiler de :is por doquier, como **Zwaan kes** (urbanas/eléctricas desde '27,50 €/día) al oeste de la ación Centraal y **Centrum kes** (urbanas/eléctricas desde 50/30 €/día) al sur de la estación metro Beurs junto a Leuveha- n. También están las *apps* de :icletas compartidas Donkey public *(donkey.bike)* y ListNRide *stnride.com).*

Para distancias cortas y excur- ɪnes de un día, resulta sencillo guir la *fietsknooppuntennetwerk* :d de intersecciones ciclistas), yos *knooppunten* (cruces o udos") indican con números los ıntos de convergencia; un buen ıscador de itinerarios es Fietsers- ɪnd Routeplanner *(routeplanner. tsersbond.nl).*

Para distancias largas, conviene consultar las rutas ciclistas de LF (Landelijke Fietsroutes), que se amplían continuamente y se pueden descargar en una práctica *app (nederlandfietsland.nl/fietsapps).*

La legislación nacional no obliga a usar casco, aunque es algo que salva vidas; así pues, se aconseja alquilarlo.

DESDE LA IZDA.: VECTOR-HUB/SHUTTERSTOCK ©, ALEXANDROS MICHAILIDIS/SHUTTERSTOCK ©

'APP' ESENCIAL

El planificador de viajes *9292.nl* calcula la ruta más eficiente en tiempo real y el coste estimado.

Metro

Medio más rápido y eficiente para recorrer trechos largos; sus cinco líneas se ramifican hacia el norte, sur, este y oeste del centro.

Tranvía

Excepto por la zona ribereña, opera por casi toda Róterdam.

Autobús

Cubre áreas residenciales sin servicio de tranvía, de improbable utilidad para el turista.

Taxi acuático

Permite ver la ciudad desde el agua; las veloces embarcaciones negras y amarillas *(watertaxirotterdam.nl)* paran en 50 pequeños muelles del Nuevo Mosa. Se aplica una tarificación por zonas: 5 € por el centro urbano; 8 € si se abarcan dos; y 12,50 € por tres (entre Oud-IJssel monde, al este, y Schiedam Vijfs-luizen, al oeste). Los menores de años pagan la mitad.

Autobús acuático

Hay varias líneas de **Waterbus** *(waterbus.nl)*; desde el embarcadero del puente Erasmusbrug en Centrum, el nº 21 lleva a los molinos amparados por la Unesco de Kinderdijk (Molenkade), mientras que el nº 20 navega hasta la encantadora ciudad de Dordrecht (Merwekade). Se puede pagar con la tarjeta OV-chipkaart o sacar el billete en línea; el de 1 día (adulto niños 15,50/5 €) da derecho a viajes ilimitados.

Transporte público

- RET *(ret.nl)* es el operador del transporte público en Róterdam.
- El sistema tarifario cubre todo el país.
- Para viajes puntuales se puede comprar una tarjeta OV-chipkaart desechable (suplemento de 1 €/trayecto); el billete sencillo, válido para 2 h, cuesta 4,50 €.
- Para múltiples viajes se puede comprar una tarjeta OV-chipkaart reutilizable o usar el sistema OVpay.
- El coste del trayecto depende de la distancia recorrida (no se aplica una tarificación por zonas).
- Basta acercar a los lectores una tarjeta OV-chipkaart o una aceptada por el sistema OVpay al iniciar y finalizar (para no perder el depósito) el viaje.
- La tarjeta OV-chipkaart reutilizable cuesta 7,50 €, vale para cinco años y se recarga en máquinas expendedoras con un saldo mínimo de 10/20/4 € para autobuses/trenes/otros medios como tranvías; se bloquea dicha cantidad como depósito durante el trayecto y se devuel

a diferencia al terminarlo si el precio es inferior. Esta tarjeta se activa automáticamente cuando se compra en una estación de trenes, pero en otros casos quizá se deba activar en máquinas o mostradores.

La alternativa a la tarjeta física OV-chipkaart es el sistema OVpay, que permite usar una tarjeta de débito o crédito *contactless* (Maestro, V Pay, Mastercard o Visa) para pagar los trayectos; así el usuario se ahorra el coste de la tarjeta reutilizable o desechable, pero solo puede verificar la tarifa en el extracto bancario (los viajes se suman y se cobran una vez al día).

También existe un abono turístico de 1 día (15,50 €) que sale a cuenta para realizar viajes ilimitados por la provincia de Holanda Meridional, incluyendo Lisse, Leiden, La Haya, Delft, Kinderdijk, Gouda, Dordrecht y la propia Róterdam.

PRECIOS

Billete sencillo (2 h)
4,50 €

Billete de 1 día
14,50 €

Taxi acuático (centro)
5 €

RET

En el puesto de información de RET, en el vestíbulo del acceso principal de la estación Centraal, venden billetes.

De Róterdam a Delft

Desde la estación Centraal de Róterdam (foto dcha.) a Delft hay trenes Sprinter o Intercity (desde 3,90 €, desde 12 min).

De Róterdam a La Haya

Desde la estación Centraal de Róterdam a la estación Centraal de La Haya se puede elegir entre la línea de metro E (desde 5,30 €, 27 min) o bien un tren Sprinter o Intercity vía Delft (desde 5,70 €, 30 min).

ANKOR LIGHT/SHUTTERSTOCK ©

Otra cara de Róterda

Esta ciudad repleta de sorpresas depara perspectivas y experiencia únicas.

Estructuras flotantes

Impertérritos ante el hecho de que el 85% de Róterdam se halla hasta 7 m bajo el nivel del mar, la ciudad concibe ingeniosas estructuras sobre el agua como los parques de Rijnhaven, en fase de construcción; la mayor oficina sostenible del mundo, que se llama Floating Offices Rotterdam (FOR) e incluye el bar-restaurante Putaine; e incluso una **granja flotante** (p. 80) con vacas lecheras y tienda propia.

Miradores

En un país tan llano, los miradores alcanzan largas distancias. Aparte de rascacielos y torres de iglesias con vistas, hay opciones peculiares como el Luchtpark (parque aéreo) y el Luchtsingel (canal aéreo) de Hofbogen; la plataforma de observación de la torre Euromast de 1960; y el espiralado "tornado" del **FENIX** (p. 91), un museo sobre la migración.

Mundos en miniatura

Representar la ciudad y el país a pequeña escala ofrece otro punt de vista. El espacio a cubierto **Miniworld Rotterdam** (p. 78) alberga una recreación asombro mente detallada de Róterdam co simulación del día y la noche qu incluye maquetas de ferrocarrile un puerto operativo y más. En L Haya, el parque temático al aire libre **Madurodam** (p. 126) invit pasear entre miniaturas de lugar como el aeropuerto de Schiphol.

'Pinball'

Hay *pinball* en sitios previsibles (el muelle de ocio de Scheveningen) e inesperados (Station Bergweg, centenaria estación de trenes convertida en zona de restauración). Róterdam acoge inclu el **Dutch Pinball Museum** (p. 7 donde se puede jugar con más de 100 máquinas *vintage*.

FUERA DE RUTA

Subirse a una tabla en la piscina de olas **iF010 Urban Surf Rotterdam** (p. 44) o practicar surf de remo por la ciudad.

Navegar junto a enormes buques, turbinas eólicas en construcción y barcos-grúa con **Koninklijke Spido** (p. 49).

Recorrer calles con rascacielos del s. XXI en los históricos tranvías de **Lijn 10** (p. 48).

Ver obras de artistas locales en **Voor de Kunst** (p. 103), microgalería en una cabina telefónica de Delft.

Miniworld Rotterdam (p. 78).

Dutch Pinball Museum (p. 79).

Explora Róterdam

Circuitos a pie

Delfshaven (p. 76).

Sugerencias
de lugares para
comer, beber
y comprar en
p. 53

Explora Centrum

te animado barrio es el corazón de la ciudad. Al igual que los ededores, el centro de Róterdam, arrasado en la II Guerra undial, ha ido resurgiendo de sus cenizas cual fénix; así, uchos de sus edificios más emblemáticos datan de mediados l s. xx, y siguen levantándose más. Esta zona, de la estación ntraal a la orilla del río, acapara los principales atractivos lturales de la ciudad, sobre todo al sur del Museumpark. La ayor concentración de tiendas, restaurantes y bares se da en Cool District (especialmente en Witte de Withstraat, calle nocida por la vida nocturna), que al este se superpone con las as comerciales tocantes a Meent, el espectacular Markthal y el pacio de surf urbano en el canal Steiger.

ómo desplazarse

Tren

estación Centraal da acceso a la zona; puede hacer transbordo de trenes erurbanos al metro y el tranvía en Centraal Blaak.

Metro

arte de las estaciones de metro Centraal Blaak, las más útiles para el viajero son urs, Leuvehaven, Eendrachtsplein (para el seumpark) y Stadhuis.

Tranvía

be destacar las paradas Centraal, Blaak, adhuis y Museumpark.

Ferri

s taxis acuáticos paran en muelles como ompjes, Leuvehaven/Mainport Hotel y illemskade/Waterbus.

nmerhuis (p. 41)

K OZDEMIR/SHUTTERSTOCK ©

★

LO MEJOR

COLECCIÓN MUSEÍSTICA
Depot Boijmans Van Beuningen (p. 38)

SURF
RiF010 Urban Surf Rotterdam (p. 44)

ZONA DE RESTAURACIÓN
Markthal (p. 44)

COMERCIOS SOSTENIBLES
De Groene Passage (p. 56)

CRUCERO POR EL PUERTO
Koninklijke Spido (p. 49)

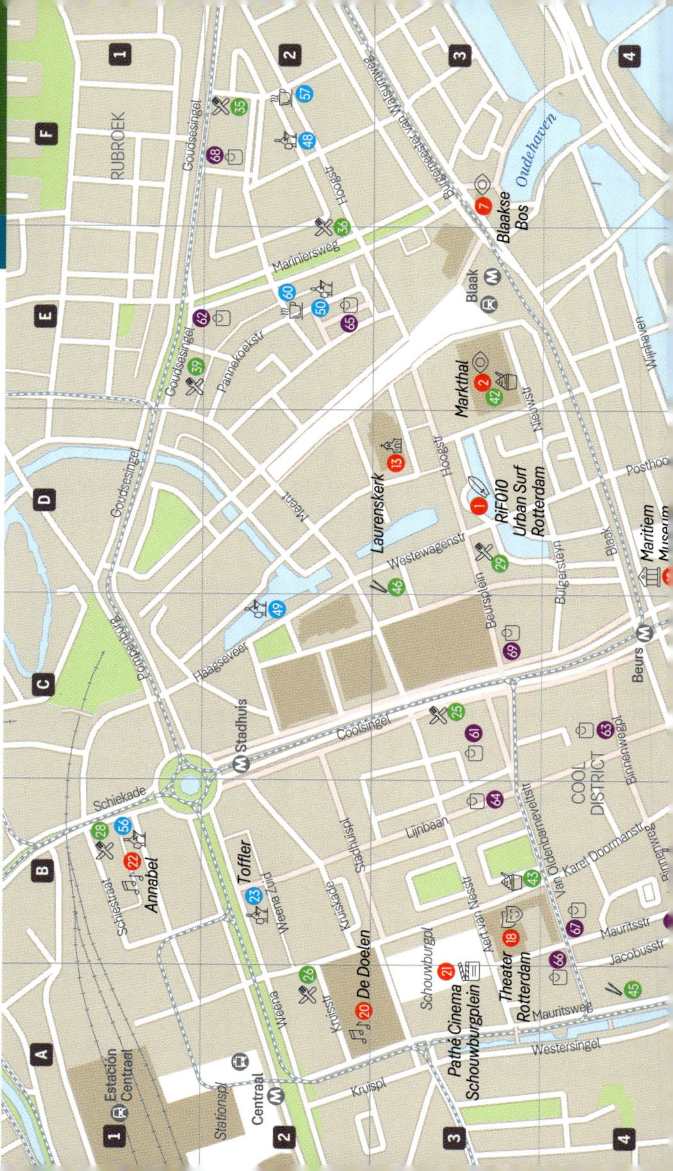
RUBROEK
Goudsesingel
Hoogstr
Burgemeester van Walsumweg
Mariniersweg
Pannekoekstr
Oudehaven
Blaakse Bos
Blaak
Markthal
Nieuwstr
Laurenskerk
Meent
Westewagenstr
Beursplein
RiF010 Urban Surf Rotterdam
Bulgersteyn
Posthoo
Maritiem Museum
Wijnhaven
Pompenburg
Haagseveer
Stadhuis
Coolsingel
Beurs
Schiekade
Schiestraat
Annabel
Toffler
Weena Zuid
Kruiskade
Stadhuispl
Lijnbaan
COOL DISTRICT
Binnenwegpl
Van Oldenbarneveltstr
Van Karel Doormanstr
Binnenweg
Aert van Nesstr
Schouwburgpl
Theater Rotterdam
Mauritsstr
Jacobusstr
Mauritsweg
Westersingel
De Doelen
Kruisstr
Weena
Pathé Cinema Schouwburgplein
Kruispl
Estación Centraal
Stationspl
Centraal

Huis Sonneveld
WORM
MaMA
V2_
TR8 William Boothlaan
Het Nieuwe Instituut
Chabot Museum
Kunstinstituut Melly
DIJKZIGT
Museum Boijmans Van Beuningen
Depot Boijmans Van Beuningen
Museumpark
Het Natuurhistorisch Museum
Kunsthal
Erasmus MC
Lijn 10
Remastered
Koninklijke Spido
Wereldmuseum Rotterdam
NIEUWE WERK
NOORDER EILAND
Leuvehaven
Nuevo Mosa
Veerhaven
Schilderstr
Hartmansstr
Witte de Withstr
Museumpark
Schiedamse Vest
Schiedamsedijk
Eendrachtsweg
Vasteland
Van Vollenhovenstr
Westzeedijk
Kievitslaan
Parklaan
Willemskade
Erasmusbrug
Boompjes
Scheepmakershaven
Maaskade
Prins Hendrikkade
0
500 m
Más información
Imprescindible p. 36
Experiencias p. 44
Comer p. 53
Beber p. 55
Comprar p. 56

★ IMPRESCINDIBLE

Huis Sonneveld

Esta casa invita a retroceder a la Róterdam de la década de 1930, cuando los arquitectos locales abrazaron el funcionalism y diseñaron modernísimos edificios de líneas limpias en los qu vivir y trabajar. La Huis Sonneveld, tan estéticamente discreta como tecnológica, es uno de los mejores ejemplos.

PLANO: P. 35 **A5**

UN CONSEJO
La entrada puede sacarse en línea, *in situ* o en el vecino centro de diseño **Het Nieuwe Instituut;** las hay combinadas con este y con el Chabot Museum.

Escanea este código QR para precios, horarios y demás.

Edificio

Cuando el adinerado empresario Albertus Sonneveld decidió encargar un hogar moderno para su fa milia, la elección natural fue el arquitecto Leender van der Vlugt, quien había proyectado la magnífica **Van Nelle Fabriek** (p. 72), de la que Sonneveld er codirector. Junto con Johannes Brinkman, Van der Vlugt concibió una estructura alabada como soberbia muestra de funcionalismo neerlandés en cuant fue completada en 1933. La casa se restauró en el 2001 con el objetivo de reflejar cómo era cuando los Sonneveld la habitaban, incluyendo muebles, luces y utensilios originales. Ahora tiene el estatus de monumento nacional *(adultos/niños solo Huis Sonneveld 10 €/gratis, entrada combinada con el Nieuwe Instituut 16,50 €/gratis).*

Rasgos distintivos

Al entrar resulta evidente que la residencia debió de ser inusual en su tiempo, cuando el esquema cromático se consideró osadamente moderno, sobre todo el turquesa de los azulejos de los baños

La tecnología moderna está bien representada, como en los suelos de linóleo, material nuevo y costoso entonces. Una audioguía aparte (Healthy House) explica cómo la Huis Sonneveld se ideó para ser ambientalmente higiénica, minimizando el polvo y las bacterias y maximizando el aire limpio y la luz natural.

FRED ROMERO FROM PARIS, FRANCE/WIKIMEDIA/CC BY 2.0

Debido a las escaleras y pasillos estrechos, la ısa no es accesible para personas con movilidad ·ducida, pero se ofrece un circuito virtual en el studio. Por el contrario, los nuevos elementos ıultisensoriales (música de los años treinta, arte alpable y aromas de jabón) facilitan la visita a uienes tengan discapacidad visual.

amilia Sonneveld

as audioguías repasan la historia del edificio y sus cupantes, y detalles como los muebles a medida, paratos vanguardistas y avanzadas técnicas de onstrucción. Al explorar la vivienda, bien impreg-ada de luz natural, es fácil imaginar la vida que evaban los Sonneveld y el personal doméstico. os niños descubrirán pormenores curiosos en una udioguía específica (Lodging with Leonard).

UNA PAUSA

En la planta baja del Het Nieuwe Instituut, el diáfano Nieuwe Café ofrece una terraza fantástica, una atmósfera informal y una carta en que predominan platos afrocaribeños, asiáticos y mediterráneos muy vegetarianos.

★ IMPRESCINDIBLE

Depot Boijmans Van Beuningen

Este edificio semiesférico que se asemeja a una gigantesca bola de espejos alberga las más de 154 000 obras maestras del adyacente museo epónimo (cerrado por reformas hasta el 2029); se trata del primer depósito de arte del mundo completamente accesible.

PLANO: P. 35 **A6**

UN CONSEJO
El depósito cierra los lunes. Las entradas, limitadas por franjas horarias, solo se venden en línea; si la visita es un jueves, viernes o sábado, se puede comprar una combinada para cenar en el restaurante Renilde.

Escanea este código QR para precios, horarios y demás.

Edificio

Considerada icónica nada más ser inaugurada por el rey Guillermo Alejandro en el 2021, esta extraordinaria estructura *(adultos/niños 20 €/gratis)* es una joya; diseñada por el estudio MVRDV de Róterdam, cofundado por Winy Maas, está revestida con 1664 paneles de vidrio que reflejan el perfil urbano.

Dentro de este “bol” hay 15 541 m² de superficie útil en un laberíntico atrio de 40 m de altura con un balcón curvilíneo, vitrinas flotantes y un conjunto de ventanas y paredes de cristal que ofrecen una visión sin precedentes de actividades como la descarga, el desembalaje y la restauración de obras de arte, todo lo cual constata que esto no es un museo, sino un almacén operativo.

Visita

La colección completa (de la que solo se podía exponer el 8% a la vez en el museo) se guarda según requisitos específicos con compartimentos separados y dotados de control climático para pinturas, fotografías en blanco y negro o color, metales, plásticos y medios orgánicos.

Valorados en más de 8000 millones de euros, estos tesoros incluyen obras maestras de Van Eyck, El Bosco, Rubens, Rembrandt, Monet, Degas, Van Gogh, Picasso, Miró, Bacon y otros genios. Las piezas a menudo se trasladan o se prestan, lo que impide saber cuáles podrán admirarse desde ángulos inesperados tras barreras y rejas.

BERK OZDEMIR/SHUTTERSTOCK ©

Deambular por el transparente edificio siguiendo ı *app* gratis es una experiencia reveladora, pero vale ı pena reservar una visita guiada para grupos reduidos (incl. en el precio, aunque las plazas se agotan ápido) en las consolas del vestíbulo; cada hora se ealizan tres circuitos de 30 min que dan acceso a ıno de los espacios de almacenamiento.

Si el viajero desea ver una obra concreta, puede olicitar permiso con antelación para que se la muesren en privado *(50 € extra).*

UNA PAUSA
El restaurante Renilde de la azotea es ideal para almorzar o tomar algo durante la visita; para la cena *(ju-sa)*, conviene reservar.

ızotea

ɪl ajardinado tejado regala vistas panorámicas entre ıbedules y pinos. De día hace falta comprar la entraıa para acceder a él y al restaurante Renilde, pero las ıoches en que este abre se puede subir gratis en el ıscensor *(18.00-22.00).*

CIRCUITO A PIE

Centrum: Arquitectura

Los bombardeos de la II Guerra Mundial arrasaron el centro de Róterdam. Sin embargo, más que recrear el histórico puerto, las autoridades locales apostaron por las estructuras contemporáneas y sostenibles que definen hoy la ciudad. Este paseo abarca edificios que salieron indemnes del conflicto y otros que se erigieron después, incluidos los más recientes e innovadores.

INICIO	FINAL	DURACIÓN
Estación Centraal (metro Centraal)	Witte Huis (metro Blaak)	4 km; 3 h

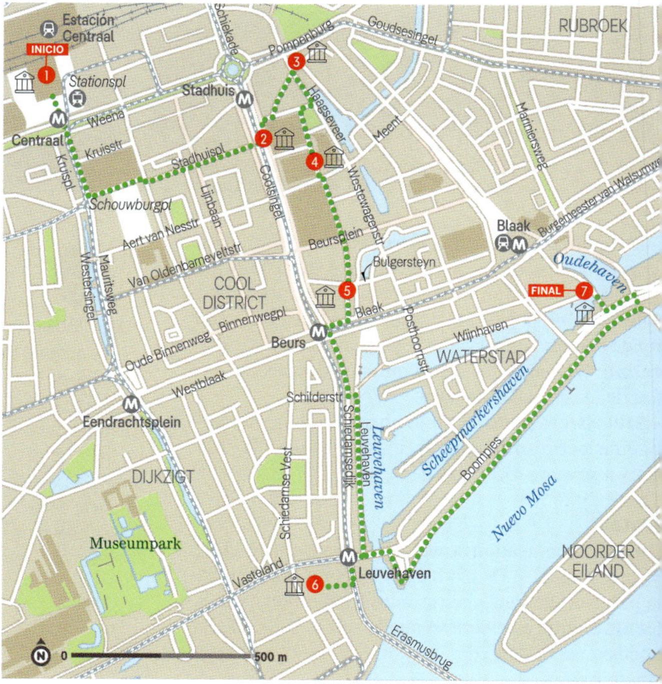

1 Acceso a lo grande

a **estación Centraal,** cuyo vestí- ılo de pasajeros forma un ángulo pectacular con un tejado pun- agudo de acero inoxidable, fue señada por Benthem Crouwel, IVSA y West 8 e inaugurada en 2013. A su oeste está el colosal root Handelsgebouw (GHG; 1953) e ocho plantas y 120 000 m², uno e los primeros edificios tras la Guerra Mundial y símbolo de la econstrucción de Róterdam.

2 Ayuntamiento

ruzando Lijnbaan, primera calle omercial peatonal de Europa, se canza Coolsingel, donde destaca fachada de piedra arenisca del **tadhuis,** palaciego consistorio *eaux arts* levantado entre 1914 y 920 según el diseño de H. J. Evers; n ángel dorado corona su torre el reloj de 71 m *(visitas de 1 h ratis previa reserva en línea).*

3 Cruce entre escultura arquitectura

n Doelstraat se pasa bajo el arco *or und Stele* (1994) de Günther örg de camino al monumento **'Nieuwe Delftse Poort'** (1995) de or Kraat, armazón de 18 m de an- ıura, 13 m de profundidad y 18 m e altura que reemplazó a la abati- a puerta de 1764 y recuerda que la udad sigue en construcción.

4 Azucarillos

l Timmerhuis, edificio de 1953 onde se planificó la reconstruc- ón de Róterdam, fue ampliado en el 2015 por el Pritzker local Rem Koolhaas del estudio OMA; el apodo "azucarillos" alude a su escalonada fachada de aluminio y cristal que refleja el cielo.

5 Clasicismo neerlandés

Se sigue al sur por Rodezand, dejando atrás la "zanja comercial" de Beurstraverse (Koopgoot) y la reflectante torre del World Trade Centre, hasta el magnífico **Schie-landshuis,** edificio de 1665 proyec-tado por Pieter Post que acoge un museo y oficinas municipales.

6 El edificio más alto de los Países Bajos

Más al sur, junto al puente Eras-musbrug en Gedempte Zalmhaven, el rascacielos **Zalmhaven** (215 m) preside el país desde el 2022 con es-pacios comerciales y residenciales; desde su restaurante Celest (plantas 57 y 58) se divisa incluso La Haya.

7 Primer 'rascacielos' de Europa

Por último, se bordea el Nuevo Mosa hacia el noreste hasta el rojo puente Willemsbrug y Oudehaven; allí se yergue la **Witte Huis** ("Casa Blanca") de 11 pisos y 45 m de altura diseñada en 1897-1898 por Willem Molenbroek en estilo mo-derno usando muros de carga de ladrillo en vez de un armazón de acero. De Rotterdam Tours (p. 44) ofrece un circuito por el Markthal con acceso a la azotea de este edi-ficio para contemplar el cambiante perfil urbano.

CIRCUITO A PIE

Centrum: Arte público

Este paseo por el centro de Róterdam, rebosante de arte, ilustra su carácter polifacético (con altas torres que flanquean bulevares, canales, plazas y bulliciosas calles comerciales), a la vez que repasa su pasado, presente y futuro mediante multitud de esculturas sorprendentes de artistas históricos (De Keyser, Rodin y Picasso incl.) y contemporáneos.

INICIO	FINAL	DURACIÓN
Estatua de Erasmo (metro Blaak)	*L'homme qui marche* (metro Eendrachtsplein)	2,2 km; 2 h

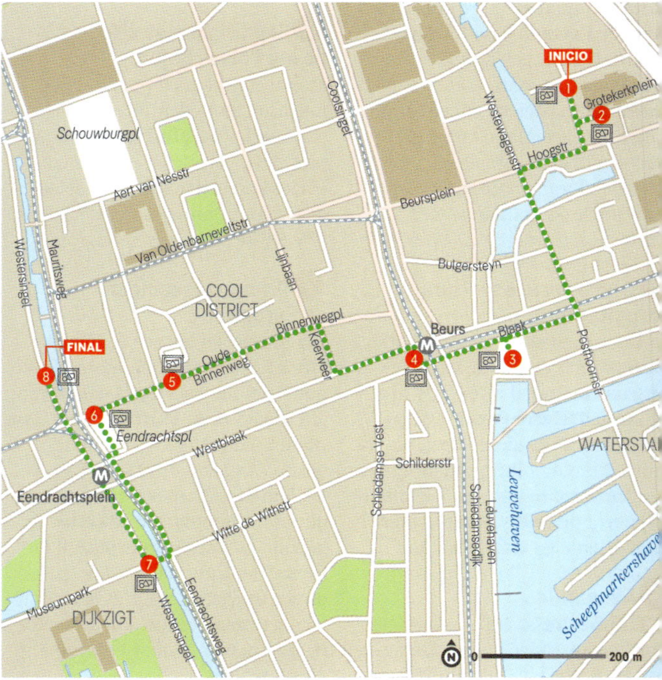

1 La escultura más antigua e los Países Bajos

n Grotekerkplein, frente a la ;lesia Laurenskerk, se halla la **statua de Erasmo** fundida en ronce en 1622 por el renombrado rtista Hendrick de Keyser, única n la Europa de entonces por omenajear a un intelectual: el umanista, cura católico, teólogo filósofo Erasmo de Róterdam.

2 Cuna de Erasmo

l sur de la Laurenskerk, el **monu- iento a Erasmo** diseñado en el 016 por Diana de Graaf, **Maaike isco y Reinier de Gooijer** eñala dónde nació este erudito ersonaje el 28 de octubre de 1466; e trata de una pared recreada de u casa en la que se superpone n retrato suyo compuesto por iayólicas con citas de sus escritos gibles de cerca.

3 'La ciudad destruida'

:n dirección suroeste se pasa por l canal de surf urbano Steigers- racht y se cruza Blaak para llegar l Leuvehaven; allí, sobre un edestal de basalto, la escultura e bronce **'De Verwoeste Stad'** 1953) de Ossip Zadkine representa na angustiada figura humana on las manos alzadas al cielo y un gujero en el pecho que simboliza a pérdida del corazón de Róter- am durante la II Guerra Mundial.

4 'No' al petróleo

:n el cruce entre Blaak y Coolsin- el, Joep van Lieshout instaló en el 2010 **'Cascade',** escultura de 8,5 m elaborada con plástico verde oscuro que ilustra el agotamiento de los recursos de la Tierra y el coste humano asociado con figuras "blandas" que rezuman de 18 barriles de petróleo.

5 El perro del vecindario

Más al oeste, en Oude Binnenweg, se encuentra una obra muy querida: **'Fikkie'** (1963), de Joeki Simák, es un adorable cachorro de bronce al que ofrecen bufandas en invierno y agua en verano; en 1999, el escultor Hans Citroen añadió al lado un excremento de bronce.

6 Un gnomo peculiar

Siguiendo al oeste se alcanza **'Santa Claus'** (2001), polémica estatua de bronce del estadounidense Paul McCarthy en la que Papá Noel sostiene un árbol de Navidad que parece otra cosa.

7 Musa de Picasso

Al sur, en Westersingel, aguarda **'Sylvette'** (1970), escultura de hormigón arenado de Pablo Picasso inspirada en su modelo y musa Sylvette David.

8 'El hombre que camina'

En 1988 se instaló en Eendrachtsplein **'L'homme qui marche'** (1907), estatua acéfala de Auguste Rodin; la figura, que vista desde el sur parece dirigirse al norte por el canal, conforma con otras la ruta de esculturas de Westersingel.

EXPERIENCIAS

Surcar olas en pleno centro SURF

PLANO: 1 P. 34 D3

He aquí una idea pionera: hacer surf todo el año en medio de la ciudad en el **RiF010 Urban Surf Rotterdam** *(rif010.nl; sesión/clase de surf desde 45/50 €)*. Esta piscina al aire libre entre rascacielos, que se inauguró en el 2024 tras más de una década en construcción, usa energía eficiente y totalmente sostenible para generar olas perfectas de 1-1,6 m (la configuración se ajusta según la experiencia) cada siete segundos.

Las sesiones para los familiarizados con la tabla empiezan con una charla sobre seguridad; acto seguido, se meten en el agua por el lado de la playa (De Baai), reman hasta el Rif y esperan su turno; incluso cuando está lleno, se pueden surcar más de 10 olas por sesión. También se ofrecen clases para practicantes de cualquier nivel, con tabla incluida y posibilidad de alquilar trajes de neopreno y demás material. Hay que presentarse 45 min antes con bañador y protección solar; los niños deben haber cumplido 8 años y saber nadar. La terraza del **RiF010 Surfbar & Kitchen** (p. 53) permite observar la acción.

Deleitar el paladar y la vista

MERCADO Y JOYA ARQUITECTÓNICA

PLANO: 2 P. 34 E3

En el 2014 se inauguró el emblemático **Markthal** *(markthal.nl)*. Diseñado con forma de U invertida po[r] el estudio MVRDV que cofundó Winy Maas, responsable también del Depot Boijmans Van Beuninge[n] (p. 38), este edificio catedralicio d[e] 40 m de altura acoge un mercado bajo 228 apartamentos distribuidos en su arco. Sobre 96 puestos d[e] comida y 20 restaurantes y tienda[s] de alimentación se puede admirar el mural de 11 000 m² que adorna el techo interior: creado por los artistas Arno Coenen e Iris Roskam, se titula *Cornucopia* y representa vistosas frutas, verduras, flores e insectos que evocan los bodegone[s] neerlandeses del s. XVII.

La oferta abarca carne, pescado y otros productos frescos, quesos, frutos secos, especias, panes, bollos, zumos, café, té, cerveza artesana, chocolate, dulces, delicia[s] locales como *stroopwafels* (gofres con sirope de caramelo) y especialidades internacionales como tapas españolas, comida callejera griega *sushi*, etc. También hay un enorm[e] supermercado Albert Heijn en el nivel inferior y otro asiático (Wah Nam Hong) en la 1ª planta.

El circuito de 1 h de **De Rotterdam Tours** *(derotterdamweekend tours.nl; 17,95 €)* incluye visitar el centro logístico subterráneo (inaccesible de otro modo), examinar artefactos hallados durante la construcción, conocer a un vendedor y picar algo.

isfrutar de xposiciones y eventos GALERÍA

ANO: 3 P. 34 B7

ı galería **Kunsthal** *(kunsthal. '; adultos/niños 18 €/gratis),* tegrante clave del Museumpark, inauguró en 1992 en un revolu- onario edificio que diseñó entre 88 y 1989 –en colaboración con ıminori Hoshino– el prestigioso quitecto local Rem Koolhaas del studio OMA.

Esta "sala de arte" de 3300 m² ırece de colección permanente, ero presenta un interesante rograma de muestras temporales ı siete espacios expositivos y un ıditorio con 300 asientos.

En el 2012 robaron aquí siete ıadros cedidos por la Triton Foun- ation: dos Monets, un Picasso, n Gauguin, un Matisse, un Freud un De Haan. El año siguiente supo que las pinturas habrían do destruidas en Rumanía por la ıadre de uno de los ladrones. En 2014, la Kunsthal fue objeto de importantes reformas y mejoras de seguridad a cargo de OMA.

Siempre hay varias exposiciones en curso (sobre pintura, fotografía, moda, diseño gráfico...) y eventos como charlas y talleres. La galería cierra los lunes laborables; se recomienda reservar en línea.

Descubrir las nuevas tendencias de diseño GALERÍA

PLANO: 4 P. 34 A5

El centro de diseño **Het Nieuwe Instituut** *(nieuweinstituut.nl; adultos/niños incl. Huis Sonneveld 16,50 €/gratis)* alberga la colección nacional de arquitectura y urbanismo, una de las mayores del mundo de su tipo, con cuatro millones de dibujos, fotografías, maquetas y recursos en su área de investigación (abre de martes a viernes). Despierta fascinación con sus exposiciones sobre arquitectura urbana, diseño y cultura digital, y eventos como presentaciones de libros y conferencias (muchas en inglés).

MUSEUMPARK

Varias instituciones culturales se asoman al frondoso Museumpark, cuyos interconectados espacios exteriores presentan árboles de sombra, senderos, terrazas, agua y esculturas. Cabe destacar el resplandeciente Depot Boijmans 'an Beuningen, depósito de arte visitable con la colección del museo homónimo mientras este se renueva; el centro de diseño Het Nieuwe Instituut, con la colección nacional de arquitectura y urbanismo; la Huis Sonneveld, mansión de 933 magníficamente preservada; el Chabot Museum, dedicado al expresionismo en una villa de 1938; la dinámica galería Kunsthal; y el Het Natuurhistorisch Museum, de historia natural e ideal para niños, en la otrora residencia de los propietarios de estos terrenos antes de la creación del parque en 1927.

El arquitecto Jo Coenen ganó el concurso de 1988, superando a reputados colegas como Rem Koolhaas, para diseñar su sede en el Museumpark: una asombrosa estructura de cristal, hormigón y acero que incorpora varios espacios expositivos, un auditorio con 180 asientos asomado a un lago y un jardín centrado en la biodiversidad.

Para visitar la galería es necesario comprar la entrada combinada con la vecina Huis Sonneveld (p. 36), para la cual sí existe una entrada exclusiva. El instituto cierra los lunes y es gratis los jueves a partir de las 17.00.

Incluye una estupenda librería sobre diseño y un café popular como punto de encuentro.

Ver arte expresionista en una mansión moderna MUSEO

PLANO: 5 P. 34 **A5**

El **Chabot Museum** *(chabotmuseum.nl; adultos/niños 12 €/gratis)*, otra joya del Museumpark, ocupa una de las villas anteriores a la II Guerra Mundial más singulares de la ciudad, con el estatus de monumento nacional. Rodeada de verde, esta construcción de un blanco deslumbrante con líneas sobrias y balcones curvos fue diseñada en 1938 por G. W. Baas –quien había trabajado en el estudio de arquitectura Brinkman & Van der Vlugt que proyectó la Huis Sonneveld (p. 36) y la Van Nelle Fabriek (p. 72), declarada Patrimonio Mundial– como residencia privad[a] para la familia Kraaijeveld. Desde 1993, su luminoso interior acoge un museo dedicado a las pinturas [y] esculturas de Henk Chabot (1894-1949), referente del expresionism[o] neerlandés; las dramáticas obras del artista, creadas en su hogar a orillas del Rotte, transmiten las emociones de campesinos, jardineros y otros ciudadanos de Róterdam en los difíciles tiempos de la guerra. También acoge exposiciones temporales.

El museo cierra los lunes. Exist[e] una entrada combinada con la Huis Sonneveld *(adultos/niños 18 €/gratis)*, así como una visita guiada a la Van Nelle Fabriek los sábados por la tarde que incluye e[l] acceso al Chabot Museum.

Recibir una lección de historia natural MUSE[O]

PLANO: 6 P. 34 **A7**

En la decimonónica Villa Dijkzigt de ladrillo rojo del Museumpark que J. F. Metzelaar diseñó en 1852 para la familia Van Hoboken y qu[e] Erick van Egeraat amplió en 1995 para incorporar un pabellón de cristal, el **Het Natuurhistorisch Museum** *(hetnatuurhistorisch.nl; adultos/niños 11/5,50 €)* entretiene desde 1927 a visitantes de cualquier edad, en especial a los peques, al presentar el mundo natural de forma divertida y accesible: p. ej., se imagina Róterdam como un parque nacional a base de reservas urbanas, corredores ológicos y caminitos de piedras ue impulsan la biodiversidad. ambién se exhiben fósiles descubiertos en el país y partes de nos fondos que abarcan más de 00 000 mariposas, escarabajos, oluscos, plantas, peces, aves y amíferos marinos; y se conciencia acerca de la flora y fauna cales que perecen por culpa de la olución y otras consecuencias de actividad humana con explicaciones para su protección. Además e las permanentes, hay exposiciones temporales.

El museo cierra los lunes y es atis para los niños los miércoles.

ntrar en las icónicas asas cúbicas ARQUITECTURA

onstruido entre 1982 y 1984 gún el plan del arquitecto eerlandés Piet Blom, el hipnótico **laakse Bos** (PLANO: 7 P. 34 **F3**) es un osque" de 38 apartamentos con rma de cubo sobre pilares hexagonales; este llamativo complejo de viendas amarillas y blancas con una inclinación increíble constituye uno de los emblemas más reconocibles de Róterdam.

Una estructura, el **Kijk-Kubus Museumwoning** (véase 7 P. 34 **F3**; *kubuswoning.nl; adultos/niños 3/1,50 €*), abre al público a diario; el visitante se hará una idea de cómo es vivir en las famosas casas cúbicas con un ángulo de 45° tras subir la estrecha y empinada escalera y explorar su interior de 100 m^2 repartido en tres plantas (cocina y salón, baño y dormitorios, y buhardilla) y amueblado a medida.

De Rotterdam Tours (p. 44) ofrece un circuito por el Markthal con acceso a este cubo-museo.

El albergue juvenil **Stayokay Rotterdam** (PLANO: 7 P. 34 **F3**) ocupa el supercubo más meridional.

Cerca se halla otra creación de Piet Blom: la torre residencial de 61 m Blaaktoren (1984), identificable de inmediato por su apodo Potlood ("Lápiz").

RECONSTRUCCIÓN TRAS EL BOMBARDEO

Róterdam cambió para siempre el 14 de mayo de 1940, cuando 90 aviones de la Luftwaffe lanzaron más de un millar bombas sobre la ciudad que arrasaron su entro medieval y otras partes. El ataque mató a casi 900 personas y destruyó al nenos 24 000 hogares, 24 iglesias, 2000 negocios, 775 almacenes y 62 escuelas dejando a unos 80 000 ciudadanos sin techo. Cornelis van Traa, arquitecto encargado de la reconstrucción, concibió una disposición espacial nueva: se dificaron zonas residenciales en la periferia, mientras que en el centro se apostó or rascacielos comerciales e innovaciones como la calle de tiendas peatonal de Lijnbaan. Así se inició una era de experimentación arquitectónica y urbanística que aún continúa.

Viajar por el globo

MUSEO

PLANO: 8 P. 34 C8

En Róterdam conviven ciudadanos de más de 170 nacionalidades; en concreto, más de la mitad de su población tiene raíces culturales diversas, algo que analiza el **Wereldmuseum Rotterdam** *(rotterdam.wereldmuseum.nl; adultos/niños 16/8 €)*, instalado en una mansión de 1851 construida para el Real Club Náutico en Willemskade y transformada en museo etnográfico en 1885 coincidiendo con la prevalencia neerlandesa en las esferas del comercio, el colonialismo y el trabajo misionero; luego se centró en aspectos antropológicos, pero ahora homenajea a las culturas de todo el globo junto con el Wereldmuseum Amsterdam (antes llamado Tropenmuseum) y el Wereldmuseum Leiden.

El museo (cerrado los lunes laborables) se articula en torno a la exposición semipermanente “Kruispunt Rotterdam” (“Encrucijada Róterdam”), que abarca objetos, tejidos, películas, arte contemporáneo y música, y a didácticas muestras temporales que pueden tratar sobre el legado colonial en la Róterdam de hoy, la tradición manufacturera de China u otros temas. Los miércoles, fines de semana y festivos se abre la “SuperStreet”, exposición interactiva para niños (en neerlandés) sobre un vecindario multiétnico. Hay una tienda de regalos y un café junto al agua.

Recorrer la ciudad en tranvías de época

CIRCUITO EN TRANV

PLANO: 9 P. 34 D7

Ciertos fines de semana *(may-oct)* y también algunos jueves y vierne *(ppios jun-med sep)*, los tranvías de la **Lijn 10** *(línea 10; rovm.nl; adultos/niños 15/8 €)* circulan po Róterdam.

De Willemsplein parten circuitc en tranvías históricos –típicament con vagones de cuatro ejes de 193 que permiten subir y bajar para explorar Centrum y West hasta Delfshaven; algunos incluso cruza el puente Erasmusbrug, apodado “el cisne”. Los pasajeros escuchan comentarios en varios idiomas sobre los lugares emblemáticos qu van viendo; la ruta completa dura 75 min y el billete, comprado a bordo, vale para todo el día.

El servicio lo ofrece el Rotterdams Openbaar Vervoer Museum *(Museo del Transporte Público de Róterdam; adultos/niños 7,50/5 €)* ubicado en un depósito de tranvía de 1923 en el barrio norte de Hillegersberg y abierto ocho sábados al año; existe transporte a/desde el museo en tranvías *vintage* (más detalles en la web).

Abordar barcos históricos

MUSE

PLANO: 10 P. 34 D4

Tocante a Leuvehaven, el **Maritiem Museum Rotterdam** *(maritiemmuseum.nl; adultos/niños 17,50/12,50 €)*, cerrado los lunes, encandila a los niños con maquetas de embarcaciones, mue s que ilustran cómo Róterdam convirtió en el mayor puerto ropeo a lo largo de los siglos y tretenidas exposiciones interac-as como Offshore Experience, yos participantes descubren actividades cotidianas en las taformas petrolíferas del mar Norte y ponen a prueba su streza con simuladores de grúas imones sin olvidar los cuestiona-s sobre seguridad.

En el pabellón Leuve se aprende erca de construcción y mante-miento naval y se ve trabajar a rreros, soldadores y carpinteros. Pero para muchos, lo mejor uarda fuera: la entrada incluye ceso a un conjunto de grúas y ves históricas amarradas en uvehaven, todas en condiciones erativas. También se ven buques os, pesqueros y patrulleros. Al gar, se aconseja reservar el circui-guiado por el puerto de 45 min ra mayores de 8 años (incl.) y el alizado en una nave silenciosa *br-oct; adultos/niños 6,50/4,50 € tra).*

Navegar por el puerto de Róterdam

CRUCERO

PLANO: 11 P. 34 D7

Koninklijke Spido *(spido.nl)*, en activo desde 1919, propone cruceros de 75 min *(adultos/niños 17,50/9,80 €)* que zarpan de Willemsplein y brindan vistas fantásticas de los numerosos rascacielos y barcos con comentario multilingüe; hay hasta 10 salidas diarias en julio y agosto, menos el resto del año.

Como mínimo un sábado al mes se puede reservar la excursión ampliada de 2½ h *(adultos/niños 29,50/17,25 €)* para observar las operaciones del puerto más grande de Europa.

Cada martes y sábado de julio y agosto se realiza el **circuito por Maasvlakte 2** *(adultos/niños incl. almuerzo 67,95/38,95 €)*, el cual permite acercarse a descomunales buques de 400 m de eslora que transportan más de 20 000 contenedores, turbinas eólicas y barcos-grúa, además de visitar FutureLand, puntero centro informativo con exposiciones

A REMO POR LA CIUDAD

Róterdam no tiene tantos canales como otras ciudades neerlandesas, pero ambién se puede explorar desde el agua. En el espacio de surf urbano **RiF010** lquilan equipo de surf de remo *(1 h/medio día/día entero 16/35/65 €)* y canoas ara tres adultos o dos adultos y dos niños *(1 h/medio día/día entero 17/40/75 €)*, on chaleco salvavidas e información sobre rutas. Una trepidante aventura de un día consiste en remar bajo Hoogstraat hacia el Rotte, río del delta del Rin-Mosa onde se construyó una presa *(dam)* en 1270, lo que dio nombre a la ciudad; más delante se alcanzan el lago Kralingse Plas en el parque **Kralingse Bos** y, más al noroeste, el lago Bergse Plassen.

interactivas (RV incl.) y audioguías descargables.

También es posible acudir en transporte propio a **FutureLand** *(portofrotterdam.com; entrada gratis, circuitos en autobús/barco desde 9,50/12,50 €)*, 48 km al suroeste del centro de Róterdam.

Vivir una experiencia inmersiva gracias a 245 millones de píxeles

GALERÍA

PLANO: 12 P. 34 D7

Bajo el puente Erasmusbrug se halla **Remastered** *(remastered.nl; adultos/familias 24,50/75,50 €)*, interactivo espacio de arte digital con un "patio" donde se puede escanear la imagen propia y crear una obra en 3D que se proyecta en la pantalla LED interior más grande de Europa. Tras dejar atrás la cascada de la entrada y el pasaje oscuro con criaturas de El Bosco, se accede a un mundo subacuático repleto de peces; luego se surca el cielo entre aves y nubes hasta un "Edén" donde aguardan una casa de muñecas colgante y espectaculares reinterpretaciones de obras de artistas neerlandeses como Van Gogh y Mondrian. Conviene llevar calzado cómodo porque no hay asientos, aunque el lugar es accesible en silla de ruedas sin motor. Los menores de 6 años no pueden entrar, y tampoco deberían los hipersensibles a luces y sonidos.

La visita dura 1 h; es preciso reservar en línea y llegar al menos 15 min antes de la franja horaria asignada. Al terminar, no hay qu[e] perderse las vistas desde la terra[za].

La entrada es cara, pero sale más a cuenta si se combina con e[l] crucero por el puerto de 75 min d[e] Koninklijke Spido (p. 49; *adultos/niños 39,25/24,15 €*) o la visita de 90 min al SS *Rotterdam* (p. 90; *adultos/niños 34/24,50 €*).

Subir a una torre medieval

IGLE[SIA]

PLANO: 13 P. 34 D3

Las únicas estructuras medievale[s] de la ciudad que sobrevivieron al bombardeo del 14 de mayo de 19[4...] fueron los muros y la torre de la Grote Kerk o Sint-Laurenskerk (iglesia Grande o de San Lorenzo[)] conocida simplemente como **Laurenskerk** *(laurenskerkrotterdam.nl; adultos/niños iglesia 4 €/gratis, torre 7,50/4,50 €)* o Lauren[...] El templo, erigido entre 1449 y 1525, pasó a ser de fe protestante tras la Reforma. Su restauración (1952-1968) atestigua la determin[a]ción y resiliencia de Róterdam. L[a] puerta luce paneles de bronce qu[e] representan la guerra y la paz, y dentro hay órganos (incl. el mayo[r] del país, de 18 m de altura) cuyas melodías se oyen a menudo en conciertos (la programación figur[a] en la web).

La iglesia abre todo el año de martes a sábado (y los domingos para la misa), pero suele acoger eventos que conllevan su cierre. De marzo a octubre, quien esté e[n] forma puede ascender los 367 esc[a]lones de su torre de 63 m, pasand[o] te el carillón del s. XVII, para disfrutar de unas espléndidas vistas. s fechas de las visitas guiadas a torre se publican en línea (sin sibilidad de reservar).

miliarizarse con el arte ntemporáneo local

BLOQUE ARTÍSTICO

el animado barrio Witte de thkwartier, que ofrece arte y la nocturna con Witte de Withsat como centro neurálgico, el nstblock agrupa instituciones e definen el panorama artístico ultural del momento.

La **Kunstinstituut Melly** (PLANO: P. 34 **B5**; *kunstinstituutmelly.nl; ultos/niños 6 €/gratis*), galería ndada en 1990 dentro de una tigua escuela, presenta lo último arte contemporáneo a escala obal: sus eventos, instalaciones exposiciones experimentales a enudo revelan talentos prometeres. Su nombre anterior, Centro Arte Contemporáneo Witte de ith, se cambió en el 2021 debido os vínculos de este almirante erlandés con el colonialismo; el nuevo se inspiró en la obra *Melly Shum Hates Her Job* (1989) de Ken Lum que adorna la fachada.

Durante los eventos de Kunstavond *(cada viernes 18.00-21.00)*, las exposiciones y programas son gratis.

Otros espacios dinámicos del Kunstblock son el centro de jóvenes creadores visuales **MaMA** (PLANO: 15 P. 34 **B5**; *thisismama.nl*); la galería interdisciplinaria **V2_** (PLANO: 16 P. 34 **B5**; *v2.nl*), "laboratorio para medios inestables" que fomenta colaboraciones entre científicos, desarrolladores de *software*, artistas e investigadores; y el inimitable centro híbrido **WORM** (PLANO: 17 P. 34 **B5**; *worm.org*), radical apuesta por el arte en todas sus formas.

Asistir a actuaciones sublimes

MÚSICA EN VIVO

Los célebres recintos de artes escénicas de Róterdam se concentran en torno a Schouwburgplein *(schouwburgpleinrotterdam.nl)*.

El más destacado, el **Theater Rotterdam** (PLANO: 18 P. 34 **B3**; *TR;*

GUÍA SOBRE LAS PATATAS FRITAS

Las crujientes y esponjosas patatas fritas de los Países Bajos triunfan como tentempié. En Róterdam las llaman *friet*, pero existen otros nombres según la región: *Vlaamse frites* (fritas flamencas), *frieten* o *patat* (patatas). Lo típico es rvirlas en un cucurucho de papel con un tenedor pequeño, tanto solas *(zonder)* como con salsas; además de la clásica mayonesa, hay *pindasaus* (salsa de cahuetes *satay*), *joppie* (mayonesa, kétchup y especias), *oorlog* (picante mezcla con salsa de cacahuetes, mayonesa y cebolla cruda picada), curri, *stoofvlees* (carne estofada) o *kapsalon* (*kebab* o *shawarma* y queso).

theaterrotterdam.nl), propone un cambiante programa de danza y teatro; muchas funciones son aptas para quienes no hablan neerlandés, ya sean en inglés, con sobretítulos o sin diálogo. La sala principal, en Schouwburgplein 25, tiene aforo para 879 espectadores en la Grote Zaal (Sala Grande) y para 167 en la Kleine Zaal (Sala Pequeña), mientras que en la sala aparte **TR8 William Boothlaan** (antes llamada Ro Theater; PLANO: 19 P. 34 **C5**) caben 250 personas.

De Doelen (PLANO: 20 P. 34 **A2**; *dedoelen.nl*), en Schouwburgplein 50, acoge conciertos de música clásica, tradicional, *jazz*, pop, *reggae* y *hip-hop*. Sede de la aclamada Orquesta Filarmónica de Róterdam, tiene varias salas, incluidas la Grote Zaal (2190 asientos), la Jurriaanse Zaal (587 asientos) y la Eduard Flipse Zaal (180 asientos en un espacio íntimo sin tarima).

Las siete pantallas del cine **Pathé Schouwburgplein** (PLANO: 21 P. 34 **A3**; *pathe.nl*), en Schouwburgplein 101, proyectan película recientes y clásicas.

El cine Schouwburgplein acap ra protagonismo en los 11 días de enero/febrero que dura el International Film Festival Rotterdam *(iffr.com)*.

Salir de fiesta MÚSICA EN V

En Róterdam triunfan las noches del **Annabel** (PLANO: 22 P. 34 **B1**; *annabel.nu*), excelente local de tamaño medio donde actúan músicos de todos los géneros. La épicas noches de club tienen lug los viernes y sábados de 23.00 a 4.00. Se puede consultar la agenc y reservar entradas en línea. De primavera a otoño, su vasta terra de 500 m^2 acoge eventos como conciertos, discotecas silenciosas sesiones de salsa.

Otro sitio popular entre fiester es el club de *house* y *techno* **Toffle** (PLANO: 23 P. 34 **B2**; *toffler.nl*), en un antiguo túnel cerca de la estación Centraal; suele abrir los viernes y sábados de 23.00 a 6.00.

o mejor para...

conómico €€ Medio €€€ Alto

Localizaciones en el plano de la p. 34

omer

ales de atas fritas

etboutique €

B5

atas fritas (tipo agria) piel acompañadas mayonesa (opción ana), salsa de ahuetes *satay* y otros sicos, así como cro- etas de queso trufado, nbas, verduras y otros redientes. *12.00-22.00 iu, hasta 22.30 vi*

mms' €

C3

esto de *friet* que las e de origen ecológico, tadas a mano y con l en cucuruchos de tón con espacios arados para las sas. *12.00-20.00 mi-ju s-do, hasta 21.00 vi*

hipper Patat €

A2

premiado Frans Schi- er ha freído más de 0 000 kilos de patatas este local próximo a la estación Centraal desde 1979. *11.00-17.00 mi-sa, desde 12.00 do*

Frites Unique €

27 C8

Patatas y batatas fritas cargadas de condimentos como cerdo caramelizado con soja, pollo al piri-piri o ternera ahumada y estofada. *16.00-20.00 lu, desde 12.00 ma-vi, desde 13.00 sa-do*

Cafés

Teds €€

28 B1

Brunch servido todo el día cuyos platos llevan hierbas, hortalizas y mieles procedentes de la azotea del propio Schieblock, reconvertido edificio de oficinas de los años cincuenta. *10.00-17.00 lu-vi, desde 9.00 sa-do*

RiF010 Surfbar & Kitchen €€

29 D3

Único bar de playa de Róterdam, con vistas al epónimo espacio de **surf urbano** (p. 44) y una carta de inspiración mexicana a base de tacos de *pulled pork* o yaca, enchiladas rebosantes de queso y fajitas con carne y pimientos de Padrón. *9.00-23.00*

Harvest Cafe & Bakery €€

30 D5

Brunch a cualquier hora (torrija de maíz con *kimchi, hash browns* con *gochujang*, judías cocidas, etc.) y café preparado por un barista galardonado. *9.00-16.00 lu y mi-vi, hasta 17.00 sa-do*

Restaurantes sofisticados

Fred €€€

31 E5

Restaurante *art déco* con dos estrellas Michelin de Fred Mustent que tiene una bodega abovedada y un carrito de quesos divino. *12.00-15.00 y 18.30-22.00 lu-ma y ju-vi, 18.30-22.00 sa*

Zeezout €€€

32 B8

Restaurante marinero con estrella Michelin a orillas del Nuevo Mosa que propone platos como besugo en costra de sal, profiteroles de salmón ahumado o cebiche de atún con tartar de ostras y sorbete de caviar cítrico. *12.00-15.00 y 18.00-22.00 mi-sa*

Celest €€€

33 C7

Restaurante que corona el edificio más alto de los Países Bajos, cuya temática sobre un globo que lleva a la Luna se basa en un cuento de Edgar Allan Poe de 1835. *10.00-1.00 ju-sa, hasta 24.00 do y mi*

Hamburgueserías

Hamburg €

34 B5

Local en lo alto de unas escaleras (con terraza abierta en verano) donde preparan hamburguesas (con mucho queso, de falda de vaca, vegana, etc.), patatas y batatas fritas clásicas o cargadas de condimentos y batidos que pueden llevar alcohol. *16.00-22.00 do-ju, hasta 24.00 vi-sa*

Ter Marsch & Co €€

véase 24 B5

Antigua carnicería con hamburguesas premiadas, incluida la Gojira (entrecot madurado en seco, *bulgogi* de *pulled pork, kimchi* y salsa de *yuzu* y jengibre), y fabulosas patatas fritas. *10.00-22.00*

Pizzerías

Old Scuola €€

35 F2

Esponjosas *pizzas* napolitanas de calidad superior en el restaurado edificio Het Industriegebouw de 1952 que ahora acoge espacios creativos. *17.00-23.00 lu-ju, hasta 24.00 vi*

O'Pazzo €€

36 E2

Ingredientes importados de Nápoles como ricota fresca, *pancetta, spianata calabra* (embutido picante), anchoas, olivas y piñones; también hay tiramisú, helado y otros postres caseros. *11.00-23.00*

La Pizza €€

37 C7

Restaurante en dos plantas que sirve *antipasti*, 25 *pizzas* al horno de leña (se recomienda la Tarantella, con olivas negras, *'nduja* y burrata) y postres como *cannoli* rellenos de chocolate y pistacho. *17.30-22.00 lu-sa, hasta 21.30 do*

Pastelerías

Jan Bussing €

38 C8

Pan de centeno, suero de leche, jengibre y de otras variedades que salen de un horno de piedra desde 1899, además de sándwiches y delicias com[o] merengue de avellana[s]. *8.00-17.00 lu-vi, hasta 15.00 sa*

SUE €

39 E1

Pastelería que usa ingredientes veganos sin lactosa ni gluten y sustituye el azúcar refinado por edulcorar[tes] derivados de dátil, arr[oz] y coco en exquisiteces como bizcocho de lim[ón] y lavanda o pastel de queso y frambuesa. *8.[00]-16.00 lu-vi, desde 9.00*

Bas Bakt €

40 C5

Pan de masa madre, cruasanes mantecoso[s], sándwiches y tostadas para llevar o degustar [en] mesas compartidas o [en] la soleada terraza. *8.0[0]-16.00 lu-sa*

Heladerías

De IJsmaker €

41 C5

Helado artesanal con ingredientes selectos como pistacho de Sicil[ia] y vainilla de Madagasc[ar]; tiene sucursales en We[st] y Noord. *12.00-23.00*

Amy's Frozen Yoghurt €

42 E3

Puesto del Markthal qu[e] ofrece yogur helado natural de origen local y sostenible con fruta

ca, muesli sin gluten,
ɔs secos tostados o
ɔpwafels desmenu-
ɔs. *10.00-20.00 lu-sa,*
'a 18.00 do

ɔri IJssalon €

B3

éntico *gelato* italiano
de 1957 con gustos
cambian a diario
no tiramisú, chocolate
maretto o *limoncello;*
bién hay opciones
lactosa y sin gluten,
as heladas y batidos.
'0-24.00

staurantes asiáticos

iubar €

ɪecialidades coreanas
no crujiente pollo
ɔlemente frito,
imbap (bol de arroz
guarniciones), *mandu*
las de masa al vapor),
veza del país y *soju*
stilado de arroz dulce).
)0-21.30 do-ju, hasta
00 vi-sa

llow River €€

A4

dicionales fideos de
nzhou elaborados a
no en una cocina a la
ta antes de cocerlos al
ɔor, saltearlos en woks,
ofarlos o hervirlos en
ɔa. *12.00-20.30*

ian Glories €€

D3

cetas familiares de la
stronomía de Cantón y
huan como vieiras al
vapor con fideos celofán, tortitas de pato a la pekinesa o ternera crujiente con salsa agridulce de mandarina. *12.00-22.00 lu y ju-sa, hasta 21.00 do*

Kyatcha €€€

47 D6

Modernas propuestas japonesas como anguila escalfada en soja con *daikon* o carne de Wagyu al carbón con salsa *ponzu* trufada. *17.00-23.00 do y ma-mi, hasta 24.00 ju-sa*

Beber

Enotecas

Verward

48 F2

Una cincuentena de vinos biodinámicos escanciados por el sumiller Ward de Zeeuw, y más de 30 cervezas neerlandesas y belgas. *15.00-21.00 lu, hasta 23.00 ma-ju, hasta 24.00 vi, 14.00-24.00 sa, 13.00-20.00 do*

LenselinQ Wijnimport

49 C2

Vinos naturales y orgánicos importados de pequeñas bodegas de Cerdeña, Sicilia, Córcega, Mallorca y Malta. *16.00-21.00 ju-vi, desde 14.00 sa, 14.00-18.00 do*

Cervecerías

Biergarten

véase 28 B1

Patio soleado con mesas de pícnic junto al Luchtsingel donde sirven cerveza en jarras típicas. *15.00-24.00 lu-ju, hasta 1.00 vi, 12.00-1.00 sa, 12.00-24.00 do*

Bokaal

50 E2

Selección de 11 cervezas de barril y más de 80 embotelladas que abarca trapenses raras y algunas locales como la *tripel* Piranha de Stadshaven, la *sour* de Reijngoud y la IPA sin gluten Karel de Kaapse Brouwers. *11.00-1.00*

Bier Boutique

51 C5

Bar en Witte de Withstraat con paredes doradas, asientos de terciopelo y 90 cervezas y sidras, incluidas 10 de barril que van cambiando. *16.00-1.00 mi, hasta 3.00 ju, hasta 4.00 vi-sa, 13.00-1.00 do*

De Kerktuin

52 B5

Más de 60 cervezas embotelladas en el patio delantero de la iglesia Arminiuskerk (1897), en Westersingel. *15.00-24.00 ma-ju, 14.00-1.00 vi, 12.00-1.00 sa, 13.00-24.00 do, cierra dic-feb y con mal tiempo*

Coctelerías

Ballroom

53 B5

Más de 160 ginebras y 12 tónicas que suponen casi 2000 combinaciones de *gin-tonic;* en verano abren una frondosa terraza. *16.00-1.00 ju y do, hasta 2.00 vi-sa*

Spikizi

54 C5

Cócteles artesanales en un angosto "bar clandestino" tocante a Witte de Withstraat. *17.00-1.00 do y ma-ju, hasta 2.00 vi-sa*

Rumah

55 B4

Local especializado en cócteles a base de ron como el Rumboo Colada (con fresa y pimienta rosa) y el 40 Pounds (con lichi y pomelo). *17.00-1.00 lu y mi-ju, hasta 2.00 vi, 14.00-2.00 sa, 14.00-1.00 do*

160K

56 B1

Bar de un salón recreativo retro con máquinas de *pinball* y videojuegos que sirve cócteles temáticos como el Double Dragon Dutch Martini y el Bloody Pacman. *17.00-1.00 mi-ju, hasta 2.00 vi-sa*

Cafeterías

Giraffe Coffee Bar & Academy

57 F2

Proveedor de café a escala nacional que usa distintos métodos para preparar la infusión (V60, AeroPress, extracción en frío, goteo...) y organiza talleres como el del arte del *latte* o el orientado a baristas. *8.00-17.00*

Dune

58 B7

Espacio minimalista que ofrece 15 mezclas de café con notas de cata, fruto de la colaboración entre Shokunin Coffee (tostador de café) y BAIN Brewing (productor de *kombucha*). *8.00-16.00 lu-vi, 9.00-17.00 sa-do*

Hopper Coffee

59 C5

Establecimiento de estilo industrial que tuesta granos de origen único y prepara la infusión con cafeteras expreso y AeroPress; también tiene su propio horno. *8.30-17.30 lu-vi, desde 9.30 sa-do*

Crave Coffee & Bakery

60 E2

Local vegano que sirve café y té de The Tea Lab con leche de avena, almendra o guisantes junto con delicias como *babka* de chocolate. *9. 16.00 ma-do*

Comprar

Grandes almacenes y centros comerciale

De Bijenkorf

61 C3

Lujosos grandes almacenes que diseñó arquitecto de la Bauha Marcel Breuer en 1957; el nombre ("colmena") alude a su revestimien parecido a un panal. *10.00-20.00 ma-ju y sa hasta 21.00 vi, 11.00-19. do, 11.00-20.00 lu*

De Groene Passage

62 E2

Galería comercial "verc formada por pequeños negocios sostenibles como una tienda de ecodiseño, un salón de belleza natural, un supermercado ecológi una carnicería orgánica un restaurante vegano (Sprit) y una coctelería (Botanero). *Horario variable*

Beurstraverse (Koopgoot)

63 C4

"Zanja comercial" al air libre que se extiende 300 m entre Rodezand

ennekijnstraat por
ajo del nivel de la
e; completada en
5, acoge 80 tiendas
cadenas como Hema
mparo de una mar-
sina. *Horario variable*

·baan

B3

nera calle comercial
Europa proyectada
resamente para
tones, donde se han
alado desde 1953
cas de moda como
m Denim, Pull & Bear,
obs Rotterdam y Vans.
ario variable

ndas de moda erlandesa

ry Cherry

E2

ndas de materiales
urales diseñadas por
oline Poiesz inspirán-
e en tendencias de
décadas de 1940, 1950
'60 junto a piezas de
rcas retro como Lindy
o, Esther Williams
imwear y Pinup
uture. *10.00-18.00
-sa, 12.00-17.00 do*

endela van Dijk

A4

utique de lujo que
nde ropa, calzado,
cesorios y joyas para
jer de diseñadores
ales como Susan Bijl,
nique van Heist y
Christian Wijnants. *10.00-18.00 ma-sa, 13.00-17.00 do-lu*

Devastator

67 B4

Atelier fundado por los diseñadores neerlandeses Arij den Otter y Erik Bosman, quienes usan restos de tejidos para crear sus propias piezas y abastecer a marcas de similar mentalidad ética. *10.00-18.00 ma-sa, desde 13.00 do*

Chocolaterías

Chocoholic

68 F2

Bombones y barritas (opciones veganas incl.) del maestro chocolatero Marco Harreman, que añade ingredientes como espino amarillo y flor de hibisco. No hay que perderse su riquísimo chocolate caliente con especias. *9.00-17.00 ma-sa*

Coco & Sebas

69 C3

Trufas y originales creaciones de chocolate como tulipanes y casitas típicas a base de cacao con la certificación de Rainforest Alliance. *10.00-18.00 ma-ju y sa, hasta 21.00 vi, 12.00-18.00 do-lu*

Chocolate Company

70 B4

Sabores de inspiración neerlandesa como *stroopwafel,* canela y jengibre, *jenever* (ginebra neerlandesa) o virutas típicas del desayuno, así como *fondue* de chocolate. *9.00-18.00 lu-vi, hasta 19.00 sa, 10.00-18.00 do*

Sugerencias de lugares para comer, beber y comprar en **p. 66**

Explora Noord

e barrio, conectado al sur con Centrum por el Luchtsingel nal aéreo), se está volviendo rápidamente uno de los más activos gracias a las remodelaciones en torno al Hofbogen, ducto de la antigua línea ferroviaria de Hofpleinlijn por el hasta hace poco circulaban los trenes a/desde La Haya ue tiene el estatus de monumento nacional. Sus arcos y aciones son ahora espacios creativos y se está creando un que aéreo. Y es que Noord integra en el contexto urbano merosos espacios verdes que incluyen el Diergaarde Blijdorp, orientado a la conservación; el adyacente Vroesenpark; el rioso jardín botánico y arboreto de Trompenburg; y el vasto que boscoso del Kralingse Bos.

ómo desplazarse

A pie

ord es de fácil acceso por la salida norte a estación Centraal o por el puente tonal de Lutchsingel desde el extremo este de Centrum.

Metro

líneas A, B y C paran en Voorschoterlaan alingse Zoom (cerca del Kralingse Bos), ntras que la E lleva al Blijdorp (cerca del) en dirección a La Haya.

Tranvía

líneas 4, 7 y 8 cubren el área noreste de ord; y la 25, la noroeste (hacia Schiebroek).

htsingel (p. 63).
PROJECT/SHUTTERSTOCK ©

★

LO MEJOR

LAGO
Kralingse Plas (p. 61)

CLUB DE 'JAZZ'
Bird (p. 64)

LOCOMOTORAS DE VAPOR
Stoom Stichting Nederland (p. 61)

PÍCNIC EN UN PARQUE
Vroesenpaviljoen (p. 64)

ZONA DE RESTAURACIÓN
Station Bergweg (p. 66)

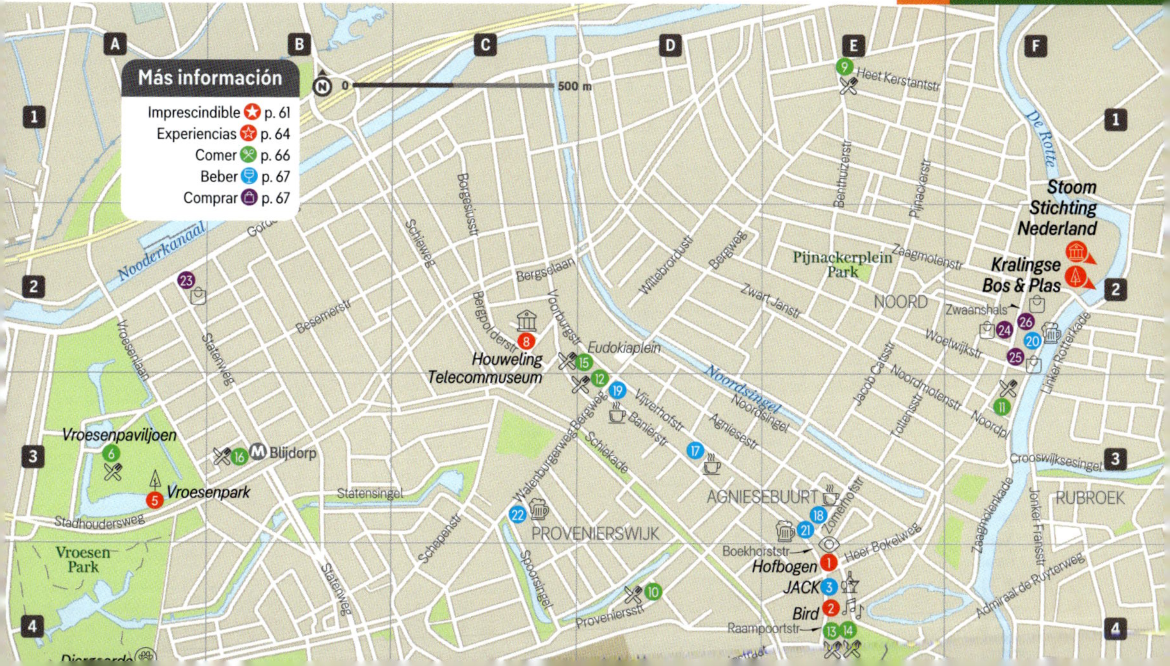
Más información
Imprescindible p. 61
Experiencias p. 64
Comer p. 66
Beber p. 67
Comprar p. 67
A
B
C
D
E
F
1
2
3
4
0
500 m
Heet Kerstantstr
De Rotte
Stoom Stichting Nederland
Kralingse Bos & Plas
Pijnackerplein Park
NOORD
Zaagmolenstr
Benthuizerstr
Pijnackerstr
Zwaanshals
Woelwijkstr
Linker Rotterkade
Noordmolenstr
Noordpl
Jacob Catsstr
Tollensstr
Zwart Janstr
Bergweg
Wittebrordustr
Noordsingel
Eudokiaplein
Voorburgstr
Bergselaan
Bergpolderstr
Houweling Telecommuseum
Borgesiusstr
Schieweg
Nooderkanaal
Besemerstr
Statenweg
Vroesenlaan
Vroesenpaviljoen
Vroesenpark
Blijdorp
Stadhoudersweg
Vroesen Park
Statensingel
Schepenstr
Spoorsingel
Provenierssstr
PROVENIERSWIJK
Walenburgerweg
Bergweg
Schiekade
Banierstr
Vijverhofstr
Agniesestr
AGNIESEBUURT
Zomerhofstr
Boekhorststr
Heer Bokelweg
Hofbogen
JACK
Bird
Raampoortstr
Crooswijksesingel
RUBROEK
Zaagmolenkade
Jonker Fransstr
Admiraal de Ruyterweg

IMPRESCINDIBLE

ralingse Bos

te bucólico parque, el mayor de Róterdam (250 Ha), linda ı el centro urbano y ofrece una idílica mezcla de umbrosas ıas frescas y soleadas áreas cubiertas de hierba alrededor l resplandeciente lago Kralingse Plas, un entorno ideal para ıcticar deportes acuáticos, jugar al golf y montar a caballo.

toria y disposición

PLANO: P. 60 **F2**

Kralingse Plas, con forma cuadrada y 100 Ha de ›erficie, se creó en el s. XVII a partir de la extracn de turba. En su orilla sureste giran las aspas de históricos molinos de viento para moler especias Ster y De Lelie *(snuifmolens.nl; 10.00-16.30 ·ju y sa; gratis)*. El pólder (terreno drenado) no ganó hasta después de 1895 y el primer árbol se ntó en 1928. Los escombros de la II Guerra Mun-l arrojados en la parte sur del lago dieron lugar a ıs enlazadas por pasarelas.

tividades y tentempiés

y senderos para andar o pedalear, incluido uno 5 km alrededor del lago que se completa en 1 h ·ie. Los niños adoran las zonas de juego, el zoo eractivo y el circuito de escalada Fun Forest. La vegación, el piragüismo y la natación (may-oct) ı populares. En los meses cálidos acoge festivales. Para comer, cabe citar el **Pannekoekhuis De ıchtegaal** (en medio del bosque) o el **De Schone i** y **Beach House** (junto al agua).

seo del ferrocarril a vapor

nfinante con el parque, el **Stoom Stichting Nerland** *(stoomstichting.nl; 10.00-15.00 mi, hasta ›0 sa; adultos/niños 5/3 €)* alberga locomotoras vapor, organiza excursiones en tren y permite : a voluntarios en su taller de restauración.

UN CONSEJO

El Kralingse Bos, 4 km al noreste de Noord, se explora de maravilla sobre pedales; se puede llegar desde la estación Centraal en bici (15 min) o en el tranvía n° 7 (parada Voorschoterlaan).

Escanea este código QR para horarios y demás.

CIRCUITO A PIE

Noord

Este paseo brinda una perspectiva tridimensional del paisaje urbano empezando por el puente peatonal que recientemente ha reconectado el norte y el centro de la ciudad; tras observar a vista de pájaro la transformación que sucede debajo, encima y alrededor del Hofbogen, viaducto de la antigua línea ferroviaria de Hofpleinlijn, se deambula entre los plácidos canales.

INICIO	FINAL	DURACIÓN
Luchtsingel (tranvía Pompenburg; líneas 7 y 8)	Spoorsingel (metro Centraal)	3 km; 2 h

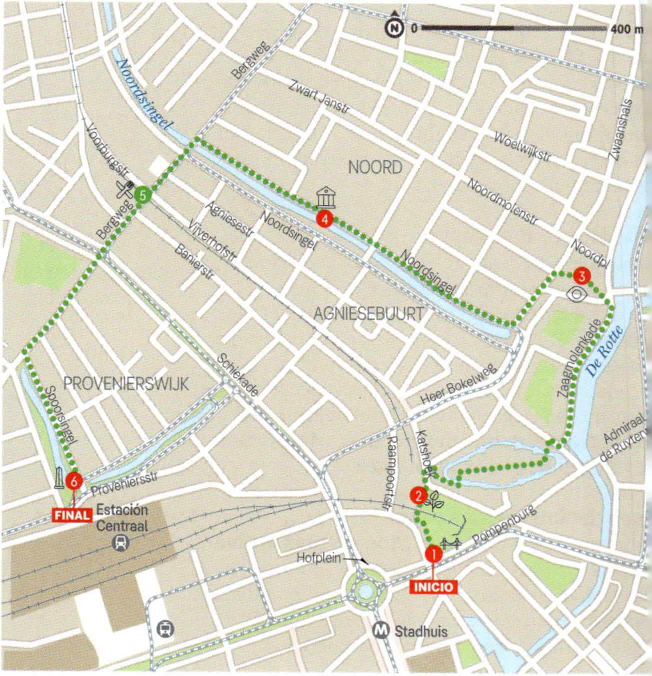

Canal aéreo

sale del **Luchtsingel,** elevado ente peatonal de 400 m de lonud y color amarillo chillón que aza Centrum con Noord desde 2015; diseñada por el estudio al ZUS, fue la primera infraestctura pública del mundo financda por micromecenazgo, como stiguan los nombres grabados los paneles de madera.

Parque aéreo

Luchtsingel conduce al **Luchtrk,** azotea ajardinada que se uguró en el 2018 sobre la anua estación de Hofplein donde minaba la Hofpleinlijn. Abierto 8.30 a 18.00, este "parque aéreo" un escenario de los Rotterdamse kendagen *(Días de las Azoteas Róterdam; rotterdamsedaken gen.nl),* en mayo, que quedará ido al Hofbogenpark (p. 65). Al ar por la escalera sur, hay que ırse en la pared con cambiantes iestras de arte callejero.

Plaza de barrio

ora se va al este hasta el Rotte, río que dio nombre a la ciudad; uiendo su margen oeste se anza **Noordplein,** amplia plaza blica donde el sábado montan el ercado de granjeros Oogstmarkt *tterdamseoogst.nl),* con 50 pues- de delicias producidas en un dio de 50 km. A finales de junio, Rotterdam Bluegrass Festival *uegrassfestival.nl)* abarrota la plaza con tres escenarios, un área de *jam,* talleres, teatro y comida callejera.

4 Arquitectura

Hacia el oeste de Noordplein, bordeando el canal Noordsingel, se pasa ante los **juzgados** diseñados en 1898 por el arquitecto Willem Cornelis Metzelaar, que acogen oficinas desde 1996; se halla frente a Noordsingel Gevangenis, una cárcel de 1866 proyectada por el padre de Metzelaar que se reconvirtió en complejo residencial en el 2018.

5 Zona de restauración

Más al noroeste junto al Noordsingel se llega a la **Station Bergweg** *(stationbergweg.nl),* otra antigua estación de la Hofpleinlijn que en el 2024 se transformó en una fabulosa zona de restauración con una docena de puestos que sirven pinchos, perritos calientes, hamburguesas y cerveza artesana (mi-do).

6 Arte

Al suroeste de la Station Bergweg aguarda el bonito canal Spoorsingel, con vistas al canal Provenierssingel (al este) y un islote en su extremo sur donde el artista Henk Visch instaló en el 2013 la escultura de bronce **'De Jonge Mens Op Het Eiland'** *(Joven en la isla),* que abraza el agua y la ciudad. Justo al sur, un túnel lleva a la estación Centraal.

EXPERIENCIAS

Visitar un viaducto reconvertido

ARQUITECTURA Y MÚSICA EN VIVO

Bajo el **Hofbogen** (PLANO: 1 P. 60 E4), a pie de calle, los arcos acogen cafés, restaurantes, la zona de restauración con máquinas de *pinball* en la antigua Station Bergweg (p. 66), tiendas y espacios creativos. Un local muy popular, en la antigua **estación de Hofplein,** es **Bird** (véase 2 P. 60 E4; *bird-rotterdam.nl*); bautizado en honor al saxofonista Charlie *Bird* Parker, acoge música *jazz,* soul, *hip-hop, funk* y electrónica en directo, y el Boogieball, evento oficial en que sigue la fiesta del North Sea Jazz Festival en julio; tiene un restaurante especializado en *pizzas* al horno de leña y una terraza (Garden of Bird; abr-med oct). Cerca, el restaurante-coctelería **JACK** (PLANO: 3 P. 60 E4; *jack-rotter*), incluye luces de neón y música electrónica y *house.*

Interactuar con animales amenazados

ZOO

PLANO: 4 P. 60 A4

La conservación de animales en peligro de extinción y sus hábitats es vital para el **Diergaarde Blijdorp** *(diergaardeblijdorp.nl; adultos/niños desde 27,50/22,50 €),* uno de los zoos más antiguos de los Países Bajos (1857). En sus 34 Ha, es posible explorar los desafíos, impactos y objetivos de entornos diversos que incluyen la sabana de África oriental (jirafas, cebras, rinocerontes negros...), la selva tropical de África central y occidental (hipopótamos pigmeos, okapis, bongos...), los "corredores" de Asia (leones, tigres de Sumatra, elefantes...), los picos del Himalaya (rinocerontes indios, pandas rojos, ciervos de copete...), los acuarios del mar del Norte y del mar Caribe (tiburones, tortugas...) y los parajes naturales de los Países Bajos. En total, este zoo acoge 5600 especies de animales y plantas.

Descargar la *app* oficial del zoo ayuda a planificar la visita, incluida la opción de dar de comer a los animales. Hay varios cafés y restaurantes familiares para picar algo o almorzar. Las entradas salen más baratas si se compran en línea, pero también las despachan en taquilla, y no funcionan por franjas horarias. El acceso principal está en Blijdorplaan 8.

Desconectar en el verde

PAR

Frente al zoo se extienden las 9,8 Ha del **Vroesenpark** (PLANO: 5 P. 60 A3). Creado en 1929 como jardín ornamental, se rediseñó en 1948 como parque público; su nombre oficial desde 1977, alude a la familia Vroesen que dio varios alcaldes a Róterdam. Con mucho césped, senderos, estanques, áreas de juegos infantiles y zonas de pícnic, es un sitio apacible que invita a relajarse.

En medio del parque se encuentra **Vroesenpaviljoen** (PLANO: 6 P. 60 A3; *vroesenpaviljoen.nl*), estupendo lugar donde pedir cafés, bollos, sopas, sándwiches o ensaladas para llevar; también se puede tomar nto al aire libre o en el pabellón a desayunar (huevos, tortitas arándanos, pudin de chía, etc.), orzar o picar algo con una copa. espacio acoge eventos, incluidos ivales veraniegos.

lorar un oasis tranquilo JARDÍN

NO: 7 P. 60 F4

toresco en cualquier estación, **ardín botánico y arboreto Trompenburg** *(trompenburg. adultos/niños 11/2,50 €),* useo verde" establecido en 0, se ubica junto a la Univer-ad Erasmo de Róterdam en lingen. Los caminos en sus 8 serpentean entre numerosos oles, arbustos y flores, incluida olección nacional de robles, as y acebos, así como 700 iedades de rododendro; tam-n hay un invernadero de clima sértico con plantas suculentas n bosque comestible. Todo ello a valido al Trompenburg el atus de museo y monumento nicipal. Los eventos abarcan sde rutas temáticas, música clásica y venta de plantas hasta un mercado navideño.

Quien abone la entrada tendrá acceso también al encantador restaurante Flora, que sirve café, té y almuerzos en medio de la vegetación. Se puede llegar desde la estación Centraal en bici (15 min, o algo menos desde la punta este de Noord) o en los tranvías nº 21 o 24 (parada Woudestein, dirección De Esch).

Ver históricos aparatos de telefonía MUSEO

PLANO: 8 P. 60 C2

Construida en 1923 y aún operativa, la central telefónica de Noord acoge el **Houweling Telecommuseum** *(houwelingtelecommuseum. nl; gratis),* que fascinará a los interesados en la evolución de las telecomunicaciones con teléfonos antiguos y modernos, cabinas, centralitas, aparatos de fax, radios y cables que funcionan. Llevado por antiguos empleados del sector, solo abre los martes *(9.30-16.00),* con opción de visita guiada (90 min).

CREACIÓN DEL HOFBOGENPARK

obre el viaducto de 8 m de altura de la Hofpleinlijn, la primera línea ferroviaria ectrificada de los Países Bajos (construida entre 1904 y 1908, y activa hasta el C10), se emplazará el **Hofbogenpark** *(rotterdam.nl/hofbogenpark),* el parque evado más largo (2 km) y estrecho (6 m) del país. Con escaleras y ascensores, y dotado de bancos, plataformas, estanques y zonas de juego, este lugar sostenible recogerá y purificará agua de lluvia destinada a árboles, plantas y ores con el fin de crear un hábitat para abejas, mariposas, murciélagos, aves y zos. Se inaugurará por fases hasta su conclusión a finales del 2027. El objetivo final es un puente sobre la A20 como parte de una red verde más extensa.

SUGERENCIAS

Lo mejor para...

€ Económico €€ Medio €€€ Alto

Localizaciones en el plano de la p. 6

Comer

Restaurantes con buen vino

Diepnoord €€
9 E1
Las mesas con velas le dan un toque distinguido a la cambiante carta semanal del chef Rokus de Jong a base de propuestas para compartir como kiwi y atún marcado. *17.30-22.00 ju-lu*

Le Nord €€
10 D4
Tablas de embutidos y recetas de fusión neerlandesa y francesa con ingredientes ecológicos conseguidos en un radio de 15 km, así como más de 50 cervezas y de 70 vinos naturales. *17.00-22.00 lu-do, también 12.00-14.30 mi-do*

Fermin €€
11 F3
Maridaje de vinos naturales con los seis platos de la oferta diaria del chef en este pequeño restaurante de Noordplein. *18.00-22.00 mi-sa*

Establecimientos en Hofbogen

Station Bergweg €
12 D3
Once sitios para comer y beber (además de un cine de verano en la azotea) en una centenaria estación de trenes desde el 2024. *12.00-22.00 mi-sa, hasta 21.00 do*

Roosje €€
13 E4
Local bajo el Luchtpark con originales *borrelhapjes* (tentempiés) como croquetas de chorizo, brochetas de pollo con costra de cacahuete y *bitterballen* veganas. *15.00-21.30 ma-ju, hasta 22.30 vi, 13.00-22.30 sa-do, cierra ago*

Franky's Grill €€
14 E4
Bistró informal de François Geurds, uno de los chefs más experimentales de Róterdam, donde sirve parrilladas al lado de su restaurante insignia FG (dos estrellas Michelin). *18.00-20.30 mi-vi, desde 14.00 sa, desde 15.00 do*

Pastelerías

Urban Bakery €
15 D2
Delicias totalmente naturales, como tartas pistacho y albaricoque pastelitos de queso, h neadas bajo el Hofbog *10.00-17.00 lu, desde 8 ma-sa, 10.00-15.00 do*

Jordy's €
véase 11 F3
Panes artesanales de masa madre (con nueces, pasas, calaba avellanas, higos, etc.), dulces (como *muffins* con grosella y *brownie* con frambuesa) y, en diciembre, *speculaas* (galletas especiadas) según la receta familia *8.00-18.00*

Banketbakkerij €
16 B3
Exquisiteces tradiciona les como *stroopwafels* (gofres con sirope de caramelo), *poffertjes* (minitortitas) y *oliebolle* (buñuelos) junto a la es ción de metro Blijdorp. *8.30-17.30 mi-sa*

eber

fés

n Met Bril Koffie

D3

ɔacio minimalista y
ıo de plantas bajo el
fbogen donde tuestan
nos ecológicos impor-
los de todo el mundo
diante comercio
ecto. *7.00-17.00 lu-vi,*
0-18.00 sa-do

nza Koffie

E3

fé frío por goteo con
), *latte* con *chai,*
abaza, *matcha* y melón,
usiones clásicas, tés de
jas sueltas y bocados
mo tostadas con queso
cabra y bizcocho de
átano. *8.00-15.30 lu-vi*

OPPI

D3

fé y taller de bicis
nde se proyectan
rreras de ciclismo y
ganizan salidas (primer
mingo de mes a las
00; uso obligatorio de
sco). *8.30-17.00 lu-vi*
sde 9.30 sa-do

ervecerías

ouwerij Noordt

F2

tiguo parque de
mberos que alberga
nques de cerveza en
una sala de degustación con 20 grifos; ofrecen circuitos de 30 min en inglés (13,50 € incl. 2 catas). *14.00-19.00 do y ju, hasta 21.00 vi-sa*

Brewpub Reijngoud

21 E3

Aquí elaboran 10 cervezas y sirven 200 más de origen nacional. *15.00-1.00 ju, hasta 2.00 vi-sa, 12.00-1.00 do*

De Hoevebrugsche Bierbrouwerij

22 C3

La fábrica de cerveza en activo más pequeña de los Países Bajos; muelen malta y etiquetan botellas junto al canal Spoorsingel. *18.00-23.00 ma y ju*

Comprar

Tiendas 'vintage'

Kringloopwinkel

23 A2

Ropa, mobiliario, electrodomésticos, discos y chismes sin orden ni concierto; fuera hay una estatua de un centurión romano. *10.00-17.00 lu-sa*

CÉNO

24 F2

Boutique sostenible en el área de Zwaanshals que apuesta por materiales naturales y colores neutros en prendas de calidad. *11.00-18.00 mi-sa*

Vintage aan de Rotte

25 F2

Atractivo negocio especializado en artículos para el hogar neerlandeses de los años sesenta y setenta, como jarrones, lámparas, alfombras, muebles y aparatos eléctricos como radios. *11.00-17.00 mi-sa*

Tiendas de música

Clone

véase 3 E4

Sello discográfico de música experimental, alternativa, electrónica y *dance* en cuya tienda venden miles de vinilos y artículos promocionales raros. *10.30-18.00 lu-ju y sa, hasta 21.00 vi, 12.00-17.00 do*

Offbeat Records

véase 24 F2

Sitio popular entre DJ de Róterdam por sus vinilos de géneros bailables como disco, *wave, house, techno,* electrónica y *jungle. 12.00-19.00 ju, hasta 21.00 vi, hasta 18.00 sa*

JensDoRecords

26 F2

Tocadiscos de época y elepés variados con una amplia selección de *jazz* y *bluegrass. 12.00-17.00 mi-vi, 11.00-17.30 sa*

Sugerencias de lugares para comer, beber y comprar en **p. 81**

Explora
West

te inmenso barrio que se extiende al suroeste de la estación ntraal incluye lugares emblemáticos como la torre Euromast, espectacular Van Nelle Fabriek (antigua fábrica amparada r la Unesco) y el conmovedor Museum Rotterdam '40-'45 UN, nde se recuerda los horripilantes bombardeos de la II Guerra undial. También hay maravillosos espacios verdes como el Het rk y ajetreadas calles con cafés y restaurantes como Nieuwe nnenweg. Más al oeste aguardan históricos molinos de viento los distritos de Delfshaven (de donde los padres peregrinos rparon hacia América) y Schiedam, centro de producción *jenever* (ginebra neerlandesa) desde el s. XVII con museos, stilerías y cafés con catas.

ómo desplazarse

Metro

s líneas A, B y C dan acceso a West y llegan sta Schiedam; cabe destacar las estaciones ndrachtsplein, Dijkzigt (para el Het Park a Euromast), Delfshaven, Marconiplein y hiedam Centrum.

Tranvía

n° 4 circula por Nieuwe Binnenweg hasta emraadsplein; el n° 8 va por Westzeedijk a el Het Park y Delfshaven) hasta Marconi-ein; y los n° 21, 23 y 24, por Middellandstraat cia el oeste (el 21 y el 24 continúan hasta hiedam).

Ferri

s taxis acuáticos paran en muelles como nt Jobshaven y Schiemond (ambos en Delfs-ven), Keilehaven y Marconistraat (cerca de arconiplein).

lfshaven.

KSANDAR VRZALSKI/GETTY IMAGES ©

★

LO MEJOR

HITO ARQUITECTÓNICO
Van Nelle Fabriek (p. 72)

VISTAS
Euromast (p. 78)

MUSEO DE 'JENEVER'
Nationaal Jenevermuseum Schiedam (p. 80)

MOLINO
Korenmolen de Walvisch (p. 80)

MODELISMO
Miniworld Rotterdam (p. 78)

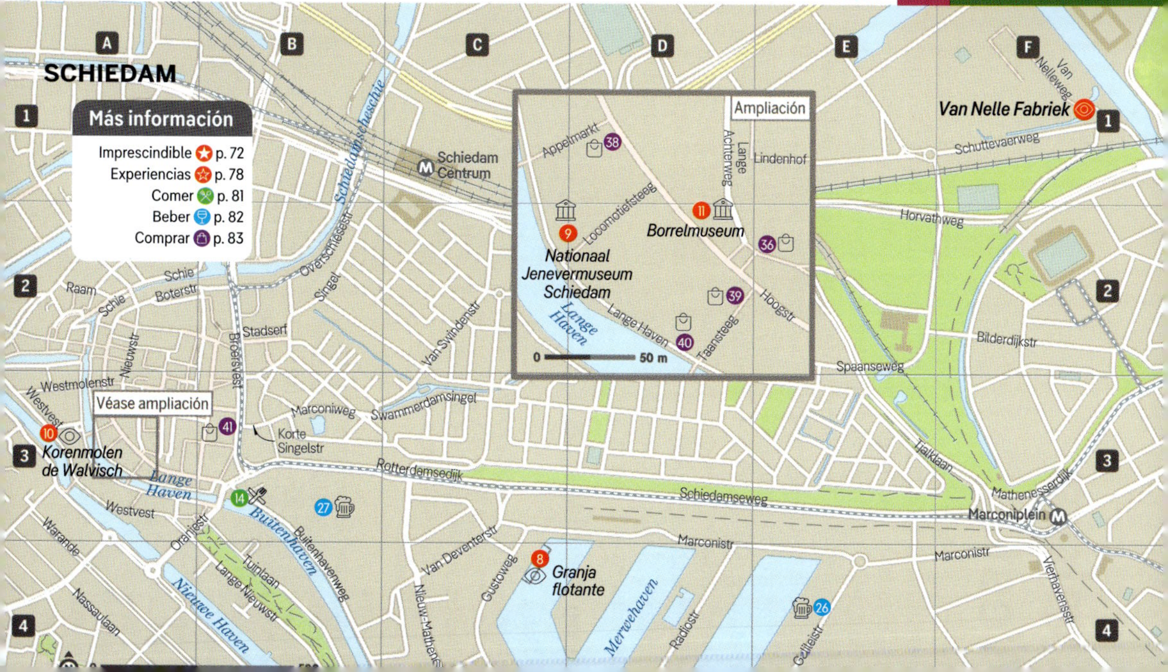
SCHIEDAM
Más información
Imprescindible p. 72
Experiencias p. 78
Comer p. 81
Beber p. 82
Comprar p. 83
A
B
C
D
E
F
1
2
3
4
Schiedam Centrum
Schiedamscheschie
Overschiesestr
Singel
Raam
Schie
Boterstr
Stadserf
Broersvest
Nieuwstr
Westmolenstr
Westvest
Véase ampliación
Korenmolen de Walvisch
Lange Haven
Marconiweg
Swammerdamsingel
Korte Singelstr
Van Swindenstr
Rotterdamsedijk
Schiedamseweg
Buitenhaven
Buitenhavenweg
Oranjestr
Tuinlaan
Lange Nieuwstr
Nieuwe Haven
Warande
Nassaulaan
Van Deventerstr
Nieuw-Mathenesse
Gustoweg
Granja flotante
Merwehaven
Radiostr
Galileistr
Marconistr
Marconiplein
Mathenesserdijk
Vierhavensstr
Tjalklaan
Spaanseweg
Bilderdijkstr
Horvathweg
Schuttevaerweg
Van Nelleweg
Van Nelle Fabriek
Ampliación
Appelmarkt
Lange Achterweg
Lindenhof
Locomotiefsteeg
Borrelmuseum
Nationaal Jenevermuseum Schiedam
Lange Haven
Taansteeg
Hoogstr
0
50 m
8
9
10
11
14
26
27
36
38
39
40
41

DELFSHAVEN
A
B
C
D
Estación Centraal
Stationspl
Centraal
Miniworld Rotterdam
Roel Langerak Park
Beukelsdijk
Henegouwerlaan
Kruispl
West Kruiskade
OUDE WESTEN
Gouvernestr
Westersingel
Mauritsweg
Aleidisstr
1e Middellandstr
's-Gravendijkwal
V Citersstr
Vierambachtsstr
MIDDELLAND
Nieuwe Binnenweg
Mathenesserlaan
NIEUWE WESTEN
Heemraadssingel
Albrechtskade
Spangesekade
Delfshavense Schie
Volmarijnstr
Rochussenstr
Museumpark
Wytemaweg
DIJKZIGT
Dijkzigt
Schiedam (2,5km)
Mathenesserdijk
Delfshaven
Havenstraat
Aelbrechtskolk
Rochussenstr
Achterwater
Coolhaven
Museum Rotterdam '40-'45 NU
Historische Tuin Schoonoord
Westzeedijk
Kievitslaan
Piet Heynsplein
TENT
Dudok in Het Park
Dutch Pinball Museum
Willem Buytewechstr
LLOYDKWARTIER
Voorhaven
Achterhaven
DELFSHAVEN
Helman Dullaertplein
Sint-Jobsweg
Parkhaven
Euromast
Het Park
Vierhavensstr
Middenkous
Westzeedijk
Lloydstr
Maastunnel
SCHIEMOND
Schiehavenweg
Schiehaven
1e Middellandstr
Parkkade
Más información
Imprescindible p. 72
Experiencias p. 78
Comer p. 81
Beber p. 82
Comprar p. 83
0
500 m

★ IMPRESCINDIBLE

Van Nelle Fabriek

Esta antigua fábrica de café, té y tabaco es uno de los 12 únicos sitios de los Países Bajos declarados Patrimonio Mundial; construida entre 1925 y 1931, se considera un triunfo de la modernidad y un icono global de la arquitectura industrial del s. XX.

PLANO: P. 70 **F1**

UN CONSEJO
La fábrica se puede visitar los sábados por la tarde de la mano de UrbanGuides en conjunción con el **Chabot Museum,** con una entrada que da acceso también al museo, disponible también en este.

Escanea este código QR para horarios y reservas.

Visión arquitectónica

Concebida como "fábrica ideal" donde los espacios de trabajo se adaptaban a las necesidades y la luz natural se usaba para crear un saludable y agradable (y, por tanto, productivo) entorno laboral, este lugar se convirtió de inmediato en símbolo de modernidad en el período de entreguerras.

Los arquitectos Johannes Brinkman y Leendert van der Vlugt, exponentes del movimiento Nieuwe Bouwen (funcionalismo neerlandés) asentados en Róterdam, diseñaron una estilizada estructura de hormigón revestida con un muro-cortina de vidrio y acero que le valió el apodo de "palacio de cristal".

Brinkman y Van der Vlugt también proyectaron la **Huis Sonneveld** (p. 36), adyacente al Museumpark en Centrum, como hogar para Albertus Sonneveld, codirector de la Van Nelle Fabriek.

Le Corbusier, renombrado y visionario arquitecto franco-suizo que popularizó el estilo internacional combinó funcionalismo con expresionismo escultural en sus diseños, alabó esta fábrica al describirla como "el espectáculo más bello de la era moderna".

Características notables

Las tres secciones principales (tabaco, café y té) están conectadas por singulares puentes elevados con áreas de servicio dotadas de aseos, escaleras y ascensores.

En el complejo hay un edificio de oficinas cuya sinuosa forma refleja la curva del acceso para

TTSTOCK/SHUTTERSTOCK ©

hículos, un salón de té circular en lo alto de se:ción de tabaco, escaleras separadas para ombres y mujeres (para evitar distracciones) y una anta eléctrica. La fábrica, operativa hasta la década de 1990, acoge ahora empresas creativas.

Los sábados a las 15.00 parte junto a la conrjería una visita guiada de 1 h en inglés *(previa serva; adultos/niños 19,50/12,50 €)* que ilustra los etalles arquitectónicos, el antiguo proceso productivo y los esfuerzos de preservación.

ırededores

ı Van Nelle Fabriek se yergue a orillas del canal elfshavense Schie, en el noroeste de Róterdam. El haparrado búnker visible al este es el centro petenciario De Schie, diseñado por C. J. M. Weeber construido entre 1985 y 1989, cuyo vívido color aranja y azul contrasta con su sombría función.

UNA PAUSA
Bordeando el canal hacia el sur se alcanza el Delfshaven, donde es posible pedir cerveza en **Stadsbrouwerij De Pelgrim** (p. 82) o *borrelhapjes* (tentempiés) en **De Oude Sluis** (p. 82).

★ IMPRESCINDIBLE

Museum Rotterdam '40-'45 NU

Bajo un puente en Coolhaven, este pequeño e impactante museo documenta la vida en Róterdam durante la II Guerra Mundial, así como el terror y la destrucción que provocaron el gran bombardeo del 14 de mayo de 1940, cuando 90 aviones alemanes lanzaron sobre la ciudad 1300 bombas en apenas 13 min.

PLANO: P. 71 **C4**

UN CONSEJO
El museo cierra los lunes y es gratis el primer miércoles del mes; entre semana puede haber grupos escolares, sobre todo en primavera.

Escanea este código QR para información sobre horarios y reservas.

Exposiciones

El Museum Rotterdam '40-'45 NU *(adultos/niños 10 €/gratis)* permite imaginar la vida en la ciudad antes del 14 de mayo de 1940 mediante elementos multimedia, objetos recuperados y experiencias personales que contextualizan la devastación de la guerra desde el punto de vista humano. Su otra sede en el edificio Timmerhuis de Centrum cerró en el 2020, pero, en un futuro, está previsto abrir una nueva sede general.

Esta experiencia inmersiva revela las trascendentales consecuencias de las bombas para la ciudad y sus habitantes. El material en vídeo se relaciona con los artefactos exhibidos en enormes vitrinas entremezclando inspiradores ejemplos de optimismo y valentía con relatos desgarradores.

Aunque casi todo el texto interpretativo está en neerlandés, hay traducciones para explicar la historia de los hallazgos más destacados, muchos de ellos procedentes de los escombros; además, el personal ayuda de buena gana a comprender y apreciar las exposiciones a quien no entienda el idioma. Los temas incluyen el bombardeo y el gran incendio desatado, el trato inhumano que los nazis dispensaron a la comunidad judía local y los heroicos intentos de algunos lugareños de acoger a sus vecinos judíos, la resistencia local a la ocupación y la liberación de Róterdam por parte de tropas canadienses el 8 de mayo de 1945.

MARCEL DOUWE DEKKER/FLICKR/CC BY-SA 2.0 DEED

›isodios poco conocidos

 bombardeo de 1940 no fue el único que sufrió Ró-rdam durante el conflicto. Aquí se recuerda que las ·erzas aéreas aliadas realizaron ataques en el período › control alemán (1940-1945); el 31 de marzo de 1943, ıa incursión acabó en tragedia cuando los estado-ıidenses bombardearon por error una zona residen-al matando a cientos de hombres, mujeres y niños, ıceso que se denomina “el bombardeo olvidado”.

›stíbulo

ı una pared del vestíbulo se ven imágenes que invi-ın a reflexionar sobre el hecho de que muchas otras udades han sido víctimas de experiencias tan espan-›sas como la de Róterdam en tiempos recientes.

También hay a la venta una pequeña pero excelen- selección de libros sobre Róterdam y la II Guerra Iundial.

UNA PAUSA

En el apacible Het Park, al este del museo, hay buenos sitios para almorzar o tomar algo, incluidos el **Parqiet** y el De Ballentent (ambos con sitio dentro y fuera).

CIRCUITO A PIE

West: Delfshaven

Este paseo invita a explorar el pintoresco barrio de Delfshaven uno de los pocos que escapó a los bombardeos de la II Guerra Mundial; su histórica zona portuaria conserva muchos atributos clásicos, incluidos un molino, iglesias y *bruin cafés* (tradicionales *pubs* neerlandeses), y tiene un ritmo más pausa[do] que otras zonas.

INICIO	FINAL	DURACIÓN
Oude of Pelgrimvaderskerk (metro Delfshaven)	Dudok (tranvía Euromast; línea 8)	2,6 km; 2 h

Iglesia de los padres peregrinos

empieza donde unos colonos aron antes de zarpar a bordo del *eedwell* el 1 de agosto de 1620 (y nbarcarse luego en el *Mayflower* Southampton) con destino a nérica. La **Oude of Pelgrim-derskerk** data de 1417, pero en an parte es una reconstrucción finales del s. XVI; suele abrir ra visitas *(vi-sa 12.00-16.00)* y isas *(do 10.00 y 17.00)*.

Molino

ordeando el canal Aelbrechtskolk sur se alcanza el tradicional olino de viento **Korenmolen Distilleerketel;** levantado en 27 para moler maíz y malta, se stauró en 1986 tras haber sufrido ndos incendios en 1899 y 1940. or 4 € se puede acceder *(ma-do ar-oct, mi y sa-do nov-feb)* y bir a la plataforma bajo las aspas madera para contemplar el elfshaven.

Central eléctrica

hora se cruza el puente V.O.C. y va al este hasta Lloydkwartier ara admirar la joya arquitectónica la **Schiecentrale,** la primera ntral eléctrica de Róterdam 904), reconvertida entre 1996 y 008 por el estudio Mei Architects ara acoger viviendas, oficinas y tudios de cine.

4 Esclusas históricas

Al noreste, en Westzeedijk, aguarda el **Parksluizen,** sistema de esclusas creado entre 1931 y 1933 para conectar el canal Delfshavense Schie con el río Nuevo Mosa que forma parte de las estructuras de defensa contra inundaciones de Schieland.

5 Iglesia de los marineros noruegos

Se va al este por Westzeedijk hasta la esquina noroeste del Het Park, donde se alza la **Sjømannskirken,** una iglesia de madera construida en 1914 para los marinos noruegos que trabajaban en el puerto y trasladada a 170 m sobre troncos rodantes en 1937 debido a la construcción del Maastunnel; se considera un tesoro por sus vitrales con escenas náuticas y las maquetas de barcos que cuelgan del techo pintado. El horario es variable y alberga una tiendecita que vende productos noruegos como vino caliente Tomtegløgg.

6 Tarta de manzana neerlandesa

Tras internarse al sur en el Het Park y cruzar el puente peatonal Nottebohmbrug, se llega al café **Dudok,** emplazado en un monumento nacional de 1750 con vistas a un jardín ornamental, donde sirven la mejor *appeltaart* con canela de la ciudad.

EXPERIENCIAS

Subir a la Euromast (y hacer rápel) TORRE DE OBSERVACIÓN

PLANO: ❶ P. 71 **D5**

Diseñada por H. A. Maaskant para la exposición de horticultura Floriade de 1960, la torre **Euromast** *(euromast.nl; adultos/niños plataforma de observación desde 12,50/9 €, incl. Euroscoop desde 18,50/15 €)* se eleva 185 m y brinda vistas panorámicas sin igual desde su plataforma de observación (a 100 m) y ascensor acristalado Euroscoop, que rota 360° y sube a lo más alto; el suelo de vidrio de este se vuelve transparente para dar la impresión de flotar, pero se puede mantener opaco si se tiene vértigo. Se aconseja descargarse la *app* Magnicity para identificar los puntos de interés y explorar la ciudad mediante realidad aumentada. Róterdam luce más aún mágica cuando se ilumina al atardecer.

También es posible disfrutar de un *brunch,* almuerzo, té, vino o cena en su restaurante (o de unas copas en su veraniego bar de azotea) y pernoctar en las dos suites de la plataforma de observación, con acceso nocturno a ella *(desde 425 €, desayuno incl.)*. Quien busque emociones fuertes que pruebe con el rápel *(64,50 €, may-sep/oct).* Las mejores ofertas se encuentran en línea.

Maravillarse ante Róterdam en miniatura MODELIS

PLANO: ❷ P. 71 **C1**

Un paseo de 5 min al oeste de la asombrosa estación Centraal permite examinar una pequeña réplica de la ciudad en **Miniworl Rotterdam** *(miniworldrotterdam com; adultos/niños 14,70/10,50 €)* miércoles a domingo (o cualquier día durante las vacaciones escolares). Este vasto espacio cubierto d 650 m² alberga una maqueta a esc la H0 (1:87) que recrea la Róterda contemporánea con simulación de día y la noche cada 24 min para lograr un efecto mágico cuando os curece y se enciende el alumbrado hay detalladas versiones en miniatura de la terminal de contenedore (operativa), lugares emblemáticos como las casas cúbicas de Blaakse Bos, el puente Erasmusbrug, la torre Euromast, el Hotel New York o el SS *Rotterdam,* y los molinos y pólderes del entorno rural. Por supuesto, todo ello hace las delicia de niños y mayores.

Se puede reservar un circuito *(45 min; 7 €).*

Deambular por espacios verdes PARQUES Y JARDIN

El **Het Park** (PLANO: ❸ P. 71 **D5**; *'El Parque'; hetparkinrotterdam.nl*), e parque más antiguo de la ciudad, fue diseñado cual jardín inglés por los arquitectos paisajistas Jan David y Louis Paul Zocher (padre e hijo) en 1852. Sus 21 Ha con ɔoles frondosos, césped, balsas y ıderos sinuosos encandilan a los ;areños, quienes lo visitan para rrer, pedalear, jugar a la pelota, cer pícnics y barbacoas (en el ɔacio habilitado de la esquina reste) o pasar el rato en cafés mo el Parqiet (p. 75), con tumbos en la hierba, y el **Dudok** (PLANO: P. 71 **D4**), con íntimas actuaciones música clásica, *jazz* y latina los mingos por la mañana *(adultos/ ños 10/7,50 €; entradas a la nta en línea).*

Desde la acera este de Kievitsın (nº 8) se accede al **Historisıe Tuin Schoonoord** (PLANO: 4 **D4**; *tuinschoonoord.nl*), jardín 1,2 Ha en una antigua finca ral de la década de 1860. Tras s puertas de hierro forjado se ultan un millar de especies vetales (cedros del Líbano y hayas ırdas incl.), colmenas, martines scadores, un cárabo y un plácido tanque con carpas *koi*. Abre de 30 a 16.30, y es gratis.

gar al 'pinball' ı un granero del glo XIX

MUSEO Y SALÓN RECREATIVO

ANO: 7 P. 71 **A4**

Dutch Pinball Museum *utchpinballmuseum.com; pase 2 h 16 €, pase diario lu-vi/sa-do ,50/30 €)* quizá sea el museo ás entretenido del país gracias a ı gran colección de máquinas de *nball* electromecánicas (hasta 77), de estado sólido (hasta 1990) con matriz de puntos (desde 1991); las más antiguas datan de la década de 1930, mientras que las más recientes aún se fabrican. Resulta fascinante ver la evolución de este fantástico juego y cómo ha ido plasmando referentes culturales: Disco Fever (1978), Kiss (1979), Space Shuttle (1984), The Addams Family (1992), South Park y Star Wars Episode I (1999), Game of Thrones (2015), etc. Lo mejor es que el visitante puede jugar con más de un centenar de máquinas de 1960 en adelante (incl. en el pase, sin monedas).

Su sede es Dubbelde Palmboom, un granero de 1825 en el Delfshaven que se transformó en destilería y fábrica de cajas antes de su abandono; en el 2020, el museo se trasladó aquí desde Katendrecht. Abre con aforo limitado (mi, sa y do), así que conviene sacar la entrada en línea con tiempo.

LA FLAMANTE TENT

TENT (PLANO: 6 P. 71 **C4**), plataforma de arte contemporáneo que apuesta por obras reveladoras de creadores locales, dejó su sede compartida con la galería Kunstinstituut Melly en Centrum para reabrir en el 2025 en un antiguo laboratorio renovado de West (Coolhaven 32). La web *tentrotterdam.nl* ofrece información sobre novedades, exposiciones y eventos en este nuevo espacio.

Visitar una tienda flotante GRANJA

PLANO: 8 P. 70 C4
En Róterdam se puede comprar yogur, leche cruda, mantequilla y queso en una **granja flotante** *(floatingfarm.nl)*. En el 2019 se inauguró este revolucionario espacio sobre una plataforma en el Merwehaven (entre el Delfshaven y el Schiedam) donde viven 40 vacas que se alimentan en una pastura tocante al puerto y producen hasta 800 litros de leche al día. Además, están construyendo una segunda plataforma para aves de corral. De momento se ofrecen circuitos por la granja en grupos, pero de martes a sábado es posible acceder a su tienda.

Visitar destilerías y molinos MUSEOS

Una dieciochesca destilería de aromática *jenever* (ginebra neerlandesa) acoge el **Nationaal Jenevermuseum Schiedam** (PLANO: 9 P. 70 C2; *jenevermuseum.nl; adultos/niños 12,50/7,50 €, solo* branderij *5 €/gratis*). Junto con exposiciones sobre la producción de *jenever*, se pueden ver enormes cubas, recipientes de enfriamien y alambiques de cobre, así como a los trabajadores de la *branderij* que maltean cebada y centeno; la cata de tres *jenevers* cuesta 10 €.

Se recomienda la entrada com nada *(15/10 €)* con el **Korenmolen de Walvisch** (PLANO: 10 P. 70 A3; *Molino de la Ballena; 8,50/5 €*), construido en 1794 para moler la malt necesaria en la elaboración de *jenever* y reconstruido tras haber ardido en 1996; se puede aprender sobre la molienda en el interior y comprar harina Schiedam en la tienda de la planta baja.

Ambos museos cierran los lune También hay entradas combinada con cruceros en barcos silencioso para admirar los imponentes molinos de Schiedam (med abr-oct).

El **Borrelmuseum** (PLANO: 11 P. D2; *tspul.nl; gratis*), un museo privado que abre de miércoles a domingo, exhibe pósteres, fotografía y grabaciones sobre *jenever*, y el contiguo **Café-Jeneverie 't Spul** (véase 11 P. 71 D2), con nada menos qu 500 *jenevers* y 60 ginebras, ofrece degustaciones guiadas.

SCHIEDAM, EL DISTRITO DE DESTILADORES NEERLANDESES

Este municipio a orillas del Schie con una dilatada historia (750 años en el 2025 se convirtió en el centro de producción de *jenever* en el s. XVII. En el apogeo de dicha industria, Schiedam contaba con más de 30 molinos de viento y 392 fábric que destilaban vino de malta y añadían enebro para elaborar el licor y exportarlo por todo el mundo. En este distrito aún quedan siete molinos (los más altos del mundo) y una docena de destilerías operativas que figuran en sdam.nl junto a art público sobre *jenever* (como la pasarela de 50 m con baldosas de arcilla y los murales *vintage* de la zona de Hoogstraat), festivales, talleres y visitas guiadas.

.o mejor para...

Económico €€ Medio €€€ Alto

Localizaciones en el plano de la **p. 70**

omer

staurantes landeses

ıfé Steijn €€

P. 71 B3

vtensoep (sopa de ;santes), *rookworst* ılchicha ahumada) con *de bieten* (remolacha), *lkenbrij* (pastel de rne) y demás. Con rraza sobre el canal emraadssingel en rano. *11.00-22.00*

Eethuisje van ılfshaven €€

P. 71 A4

ıstico restaurante en el ılfshaven con recetas la abuela y recomen- ıciones diarias en la ızarra como *karbonade* ıuletas de cerdo) con *ımppot* (puré de verdu- s). *16.00-21.00 do-vi*

ınnenkoe Schiedam €

P. 70 B3

ırtitas neerlandesas ılces y saladas con ternativas sin gluten y ı lactosa junto al agua. *00-20.30 ma-do*

Restaurantes contemporáneos

Restaurant Frits €€

15 P. 71 A4

Coqueta casa ante un canal del Delfshaven con un menú sorpresa de cinco platos a base de ingredientes propios (adaptable a requisitos dietéticos previo aviso). *18.00-23.00 ju-do*

Restaurant Goud €€€

16 P. 71 C5

Mesas de latón, lámparas doradas, sillas de terciopelo verde, barra circular a partir de botellas de champán recicladas y menús de varios platos como *frikandel* (salchicha) con *crumble* de wasabi. *12.00-15.00 y 18.00-22.00 mi-sa, 12.00-17.00 do*

Cafés

Lilith €

17 P. 71 D3

Triunfa por sus desayunos servidos todo el día que incluyen huevos (benedictina, revueltos, a la florentina...), delicias veganas como tostadas con setas o aguacate y muchas opciones sin gluten. *9.00-17.00*

Arzu €

18 P. 71 C2

Torrijas con sirope de arce, tortitas *red velvet* y cruasanes estilo *bruschetta* con espinacas, feta y piñones acompañados de té de menta, zumos frescos y batidos aromatizados con canela. *9.00-17.00*

Restaurantes veganos

Happy Food & Health €

19 P. 71 C3

Propuestas veganas y ecológicas sin rastro de gluten (cervezas incl.) en una elegante sala llena de plantas. *12.00-21.00 do y ma-ju, hasta 22.00 vi-sa*

Backstage Vegan Kitchen €€

20 P. 71 D2

Comida callejera vegana como *rendang* de *seitán*, *samosas* de garbanzos y hamburguesitas de setas y quinua. *12.00-21.30 do y mi-ju, hasta 22.30 vi-sa*

Kula €€

21 P. 71 C4

Desayunos (tortitas con arándanos y leche de anacardo, pudin de chía y coco, etc.) y almuerzos (tostadas con *kimchi*, boles de *tempeh*, etc.) en un espacio luminoso donde se imparten clases de yoga a diario. *8.00-16.00 lu-ju, hasta 18.00 vi-do*

Beber

Cafés

Schot Coffee Roasters

22 P. 71 A5

En un almacén de Diepeveen de 1929, ejemplo de expresionismo cubista, tuestan granos ecológicos tres veces por semana y los infusionan a máquina o a mano. *9.00-17.00 mi-sa, desde 10.00 do*

Evermore

23 P. 71 B4

Café a base de granos de origen único y comercio justo con la certificación de Rainforest Alliance tostados los miércoles y tés de hojas sueltas frente al Coolhaven. *10.00-13.00 mi-vi, hasta 16.00 sa-do*

Urban Espresso Bar

24 P. 71 C3

Café preparado por baristas con granos de Giraffe, así como limonada casera, té helado, refrescos ecológicos y cervezas de Róterdam. *8.30-18.00 lu-sa, desde 10.00 do*

Cervecerías

Stadsbrouwerij De Pelgrim

25 P. 71 A4

Histórica cervecería con tanques de cobre; se puede saborear la popular *tripel* Mayflower en la sala interior, la terraza junto al canal o el patio. *12.00-24.00 mi-sa, hasta 22.00 do*

Stadshaven Brouwerij

26 P. 70 E4

Cervezas propias como la Sailors' Lager, la Navigator's Bock y la Octopus Blond (con naranja sanguina y kiwi). Circuito de 1 h en inglés (11,50 €) los sábados a las 12.30. *15.00-22.00 mi-ju, 12.00-24.00 vi-sa, 12.00-21.00 do*

Eurobrewers

27 P. 70 B3

Fábrica de vidrio transformada en una cervecería con una terraza de 2000 m^2, 12 grifos y *jenevers* locales. *16.00-2.00 vi, desde 14.00 sa, 14.00-22.00 do*

Bares y 'pubs'

De Oude Sluis

28 P. 71 A4

Bruin café muy popular desde 1912 cuyas vistas del canal desde la terraza se extienden hasta el molino de viento de Delfshaven. *12.00-1.00 do-ju, hasta 2.00 vi-sa*

De Machinist

29 P. 71 C4

Bar-restaurante sociable cuya terraza asomada a Coolhaven es idónea para beber *jenever, seltzer* casero o vino natural. *11.30-22.00 do-ju, hasta 24.00 vi-sa*

De Kunstfabriek Unit 699

30 P. 71 D1

Enoteca estilo *speakeasy* con vinos naturales portugueses, accesible por un pasaje oculto desde galería del edificio Groot Handelsgebouw. *17.00-24.00 ju, hasta 2.00 vi-sa*

Locales de música en directo

Rotown

véase 20 P. 71 D2

Popular bar y auditorio centrado en el *rock* de nuevos talentos locales artistas internacionales consolidados y experimentos. *12.00-2.00 do y mi-ju, hasta 4.00 vi-sa*

Dizzy

31 P. 71 C3

Cafetería jazzística con décadas de historia y fama por el *whisky* que casi cada noche programa conciertos, desde *cool jazz* hasta *blues*,

k y música latina.
)0-1.00

se

P. 71 B5
iguo astillero bajo
grúa que atrae con
e local y conciertos
fines de semana, festi-
es, mercados, noches
cine, *raves* y comida
ana. *16.00-24.00 vi-sa,*
)0-22.00 do

omprar

ndas de diseño

olff Blitz

P. 71 D2
rta local que incluye
nisas con *paisley* al
ilo de Delft o girasoles
Van Gogh, sofás con
ampados del mapa
Róterdam o figuras de
ndrian y alfombras
Markthal. *10.00-18.00*
-ju, hasta 20.00 vi-sa,
)0-18.00 do-lu

san BIJL

P. 71 D3
sos, mochilas,
sas e impermeables
ricados con tejidos
iclados como hilo de
iéster y nailon *ripstop*
tenidos de botellas de
stico desde el 2000.
)0-18.00 lu, desde
00 ma-sa

Tiendas 'vintage'

Daily Sneaker Steals

35 P. 71 B3
Zapatillas de entre los años ochenta y principios del nuevo siglo como Nike Air Max, Reebok Pump, Puma Sky LX, Asics Gel-Lyte y New Balance 1500. *12.00-20.00 lu-sa, desde 13.00 do*

Eltjo's Vintage

36 P. 70 E2
Negocio de Schiedam especializado en cámaras de la década de 1940 en adelante y carretes antiguos. También venden tocadiscos y estéreos retro, lámparas y otros aparatos eléctricos. *10.00-17.30 mi-sa*

Tiendas de música

De Plaatboef

37 P. 71 D3
La tienda de vinilos nuevos y usados más grande de Róterdam, y de cualquier género (*soul, blues, rock, honky-tonk, folk, disco, trance,* etc.). *12.00-18.00 do-ju, 10.00-21.00 vi, 10.00-18.00 sa*

Nooit Gewoon

38 P. 70 D1
Estupenda selección de música electrónica que abarca *acid jazz, deep house, deep techno, dreampunk* y *trip hop. 10.00-15.00 lu-mi, hasta 17.30 ju-sa*

Bier & Vinyl

39 P. 70 D2
Para echar un vistazo a los vinilos, pedir una cerveza y sentarse a escuchar música en una especie de sala de estar; también programa conciertos y sesiones de DJ. *14.00-17.30 ju, desde 11.00 vi-sa*

Chocolaterías

De Bonte Koe

40 P. 70 D2
Bombones rellenos de *jenever, nougats* inspirados en el azulejo de Delft, coronitas de chocolate con naranja... Se ofrece un circuito de 20 min con cata (15 €) los viernes a las 15.00 y hay una máquina expendedora en la cercana Hoogstraat. *9.00-17.30 ma-sa, 12.00-17.00 do-lu*

Kruik

41 P. 70 B3
Bombones con forma de casita típica, pralinés de *stroopwafel* (gofre con sirope de caramelo), barritas con grabados de molinos y bicicletas, *drop* (regaliz) con sabor a canela, chocolate caliente en invierno y helado en verano. *9.00-22.00 lu-sa, hasta 18.00 do*

Sugerencias de lugares para comer, beber y comprar en **p. 92**

:xplora
uid

Nuevo Mosa separa Centrum de este barrio que aúna
.dición y modernidad; el legado arquitectónico de su pasado
viero incluye la antigua sede de la Holland America Line,
nacenes reconvertidos en museos y una terminal de cruceros
sterior a la guerra. Zuid evidencia por qué se apoda a
·terdam "la Manhattan del Mosa": aquí se yerguen algunos de
s rascacielos más altos, sobre todo en torno a Wilhelminapier
Kop van Zuid (Orilla Sur). Al oeste, en Katendrecht
e Kaap; El Cabo), también se están levantando edificios
ɔmbrosos. Entre ambas zonas, las estructuras flotantes del
jnhaven atestiguan transformación del barrio.

ómo desplazarse

Metro

s líneas D y E tienen paradas en Wilhelmi-
ɔlein, Rijnhaven y Maashaven.

Tranvía

s líneas 23 y 25 cruzan el puente Erasmus-
ıg y tiene paradas en Wilhelminaplein,
dewijk Pincoffsweg y Vuurplaat, de camino
sureste.

A pie

tendrecht es de fácil acceso desde Wil-
lminaplein vía por Kop van Zuid y el puente
ıhavenbrug o yendo al oeste desde la
:ación de metro Rijnhaven.

Ferri

s taxis acuáticos paran en muelles como
lland Amerikakade y Hotel New York (en
ɔ van Zuid) y SS *Rotterdam*, Katendrechtse
ven y Fenix/Walhalla (en Katendrecht).

★

LO MEJOR

VISITA A UN BUQUE
SS *Rotterdam* (p. 90)

MUSEO DE FOTOGRAFÍA
Nederlands Fotomuseum (p. 90)

MIRADOR
"Tornado", FENIX (p. 91)

CLUB
Maassilo (p. 91)

VISITA A UNA CERVECERÍA
Kaapse Brouwers (p. 91)

tel New York (p. 90).

A
B
C
D
E
F
1
2
3
4
Más información
Experiencias p. 90
Comer p. 92
Beber p. 93
Comprar p. 93
Erasmusbrug
Koningshaven
Stieltjesstr
Levie Vorstkade
Spoorweghaven
Wilhelminakade
Wilhelminaplein
Laan op Zuid
Nuevo Mosa
WILHELMINAPIER
Posthumalaan
Terminal de cruceros de Róterdam
Holland Amerika Kade
Wilhelminakade
Otto Reuchlinweg
Rijnhaven
Hotel New York
12
21
25
4
15
17
19
14
11
30
13
3
22

Fotomuseum
Brede Hilledijk
FENIX
5
Kaapse Brouwers
16
6
7
Fenix Food Factory
27
Veerlaan
Veerlaan
Deliplein
18
28
9
20
24
23
10
29
Sumatraweg
Brede Hilledijk
Maashaven Noordzijde
Hillelaan
Rechthuislaan
KATENDRECHT
26
Tolhuislaan
Maashaven Noordzijde
Kaap Park
Walhallalaan
Maashaven
2
Maassilo
8
Dordtse Laan
Maashaven
Maashaven Zuidzijde
TARWEWIJK
Putselaan
0
400 m
A
B
C
D
E
F
5
6
7
8

CIRCUITO A PIE

Zuid

Esta es la parte de Róterdam que más rápido está cambiando. Este itinerario revela la impresionante reconversión de los almacenes de Deliplein en Katendrecht (el otrora barrio rojo de la ciudad), la construcción de vertiginosos rascacielos y la creación de un área nueva en las aguas del Rijnhaven, ahora con parques flotantes.

INICIO	FINAL	DURACIÓN
Set Sail (metro Rijnhaven)	Erasmusbrug (metro Leuvehaven)	3,5 km; 3 h

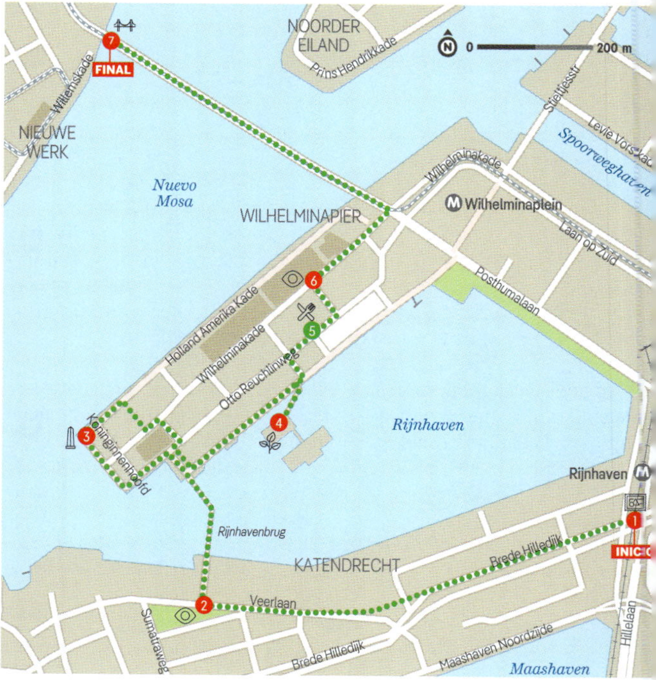

Pilares pintados

; 18 pilares que sostienen el
tro elevado entre las estaciones
nhaven y Maashaven lucen
as de artistas nacionales e inter-
ionales en el marco del proyec-
Rotterdam Art Ride (ROAR); a
ltura de la primera se halla **'Set
il'** (2018), del artista callejero
al Tymon de Laat, que represen-
un capitán contemplando el
o puerto Rijnhaven.

Plaza animada

endrecht (De Kaap; El Cabo),
igua dirección de burdeles, fu-
deros de opio y otros antros, se
metamorfoseado. En **Deliplein,**
ca del centro cívico y cultural
halenhuis Belvédère y frente a
reconvertidos almacenes Fenix,
un reputado tatuador y un
ntón de cafés y restaurantes.

Equipaje extraviado

puente peatonal Rijnhavenbrug
acceso a Holland Amerikaplein;
, la escultura **'Lost Luggage
pot'** (2001) de Jeff Wall, forma-
por maletas, baúles y bolsas de
rro colado, evoca las pertenen-
s de emigrantes que zarpaban
buques de la Holland America
e.

Parque flotante

está reclamando al agua un
cio de la dársena portuaria del
nhaven para construir altos edificios comerciales y residenciales junto a áreas verdes accesibles a través de pasarelas y muelles. El primer **parque flotante del Rijnhaven,** a base de residuos plásticos de las vías acuáticas de Róterdam, incluye una zona delimitada por boyas para nadar en verano.

5 Zona de restauración

El almacén Pakhuismeesteren de la Compañía Neerlandesa de las Indias Orientales (s. XVII) alberga el hotel Room Mate Bruno y la zona de restauración **Foodhallen Rotterdam,** con 12 puestos de comida y bebida.

6 Rascacielos

Justo al norte, en la zona de Wilhelminapier bañada por el Nuevo Mosa, se alza **De Rotterdam,** imponente "ciudad vertical" completada en el 2013 con tres torres interconectadas que diseñó Rem Koolhaas, del estudio OMA; el complejo incluye oficinas, viviendas, un hotel, bares y restaurantes.

7 El cisne

Siguiendo por Wilhelminakade se alcanza el **Erasmusbrug** (apodado "el cisne"), el elegante y blanco puente atirantado de 802 m de longitud con un mecanismo basculante de 89 m de largo en el vano sur para dejar pasar barcos altos. Fue diseñado por Ben van Berkel y finalizado en 1996.

EXPERIENCIAS

Ver fotografías — MUSEO

PLANO: 1 P. 86 **E5**

La principal plataforma de narración visual del país, el **Nederlands Fotomuseum** *(Museo Nacional de Fotografía; nederlandsfotomuseum.nl; adultos/niños 16 €/gratis)*, cerrado los lunes, presenta variadas exposiciones a partir de sus excepcionales fondos de más de seis millones de imágenes que reflejan la evolución de la fotografía en los Países Bajos desde 1842, además de muestras temporales temáticas.

Desde el 2007, su sede ha sido el edificio Las Palmas de Wilhelminapier, pero está previsto trasladarla al espectacular almacén Pakhuis Santos del Rijnhaven (Katendrecht) en otoño del 2025: construido entre 1901 y 1903 para guardar café, este tinglado de ladrillo rojo sobre piedra azul ha sido renovado por los estudios WDJArchitecten (Róterdam) y Renner Hainke Wirth Zirn Architekten (Hamburgo), que han añadido dos pisos al rematarla con una "corona" de vidrio y aluminio; sus ocho diáfanas plantas albergarán archivos, estudios, una librería temática, un café y un restaurante panorámico.

Subir al SS 'Rotterdam' — BUQUE

PLANO: 2 P. 86 **A7**

Apodado "La Grande Dame", el emblemático **SS 'Rotterdam'** *(ssrotterdam.com; circuitos adultos/niños desde 12,95/8 €)*, elegante buque insignia de la Holland America Line, permanece atracado como hotel y atracción turística frente a su antigua sed como crucero (que ahora acoge Hotel New York).

Se ofrecen tres circuitos: el Se Breeze Deluxe (1½ h), que abarc las cubiertas superiores, la proa, puente de mando y la timonera; Steam & Chrome (1 h), con acces la sala de máquinas; o el Compl (2½ h). A bordo hay restaurante bares y una terraza.

Este barco de pasajeros, uno d los mayores del mundo (228 m d eslora, 28 m de manga y 51 m de altura) cuando fue bautizado po la reina Juliana en 1958, realizó viaje inaugural a Nueva York el a siguiente. Tras su última travesía se utilizó como crucero antes de restaurado y regresar a Róterdar

Admirar la antigua sede de una línea de cruceros — ARQUITECT

El **Hotel New York** (PLANO: 3 P. 8 **B4**; *hotelnewyork.com*) ocupa la antigua sede de la Holland America Line en Wilhelminapier; se construyó con ladrillo rojo en est Jugendstil *(art nouveau)* en 1901 si bien la segunda torre del reloj con cúpula de cobre se completó 1917. Cuando la aviación arrincor las travesías transatlánticas, el lugar fue vendido, aunque quedó vacío hasta que el gobierno mun pal lo adquirió en 1988 y reinaug ró como hotel en 1993.

Sus espacios públicos incluyer el café-restaurante con terraza tocante al agua y el NY Basemen

: evoca la Manhattan anterior a ;uerra y ofrece comida y cócteles *ı-sa)*, con ocasionales homena- musicales a Frank Sinatra.

Casi toda la infraestructura de la lland America Line fue arrasada · los bombardeos de la II Guerra ndial y reconstruida en cuanto bó. Cabe destacar la **terminal de ıceros** (PLANO: 4 P. 86 **B3**) de Wilhel- ıapier, que se caracteriza por un tuple tejado abovedado; diseñada · los arquitectos Brinkman, Van ı Broek y Bakema, fue completa- en 1949 y restaurada por TomDa- Architecten en el 2015.

MUSEO FENIX SOBRE LA MIGRACIÓN

La migración humana es el tema del **FENIX** (PLANO: 5 P. 86 **B5**; *fenix.nl*), museo recién inaugurado en el almacén Fenix II de Katendrecht. La estructura de la década de 1920, renovada por el estudio MAD y 16 000 m², está rematada por una escalera de doble hélice de acero inoxidable y madera apodada "tornado" que da acceso a una plataforma a 24 m de altura con vistas a la antigua sede de la Holland America Line y los muelles de donde zarparon millones de emigrantes.

El museo ha adquirido y encargado cientos de obras de arte contemporáneo, incluidas fotos que inmortalizan familias, de despedidas y comienzos, junto con efectos personales como 2000 maletas procedentes de todo el mundo. También hay una plaza urbana cubierta (Plein) de 2000 m².

borear cervezas artesanales

ARQUITECTURA Y DEGUSTACIONES

s almacenes Fenix I y Fenix II Katendrecht eran uno solo: ı Franciscoloods, el mayor del ındo cuando se edificó en la :ada de 1920 para la Holland ıerica Line; su división se nonta a la reconstrucción de los os cincuenta.

El Fenix I, ampliado en el 2019 ı *lofts* residenciales y espacios turales por Mei Architects, acoge zona enogastronómica **Fenix od Factory** (PLANO: 6 P. 87 **C5**; *ixfoodfactory.nl*), que comprende a librería, una cocina de residuo o, un bar con vinos naturales, a pastelería, una terraza con vis- y la sala de degustación Kaapse ap de la cervecería artesanal **ıapse Brouwers** (PLANO: 7 P. 87 con 20 variedades propias e in- nacionales de barril y más en su nda; se puede reservar en línea un circuito en inglés de 3 h *(kaapse brouwers.nl; 55 €)* entre el Fenix y la cervecería de Keilehaven con desplazamiento en taxi acuático. Cierran los lunes.

Bailar en un antiguo silo

CLUB

PLANO: 8 P. 86 **F8**

Un granero de 1910 acoge el épico recinto **Maassilo** *(maassilo.com)*, con aforo para 4000 personas; a 40 m de altura, su Now&Wow Club ofrece vistas fabulosas y sonidos *techno*. Horarios y precios variables.

SUGERENCIAS

Lo mejor para...

€ Económico €€ Medio €€€ Alto

Localizaciones en el plano de la p. 8

Comer

Restaurantes neerlandeses modernos

De Matroos en Het Meisje €€
9 B6
Menús de tres a cinco platos entre sus paredes azulejadas y una terraza en Deliplein. *18.00-22.00 lu-do, también 12.00-16.00 sa-do*

NOTK €€
10 B6
Bar-restaurante de un sumiller que ofrece pan de masa madre casero con mantequilla de ostras y otras propuestas sostenibles. *17.00-23.00 mi-sa, también 12.00-16.00 vi-sa, 13.00-20.00 do*

Restaurantes con vistas

Putaine €€
11 C4
Bar-restaurante flotante en el Rijnhaven cuyo chef Michael Schook fermenta sus propias hortalizas y usa la captura del día en recetas como lubina con tartar de navaja. *17.00-22.00 lu-sa, también 12.00-16.00 ma-sa*

Restobar Vista €€
12 C2
Maridaje de vinos naturales y alimentos ecológicos con vistas fantásticas en la planta baja del ribereño complejo De Rotterdam. *12.00-14.30 y 17.30-21.30 mi-do*

Café-restaurante del Hotel New York €€
13 B4
Bar de ostras, especialidades francesas (*chateaubriand*, quiche de espárragos y queso de cabra...) y una insuperable terraza tocante al Nuevo Mosa. *11.00-23.00*

Ono €€
14 B4
Moderno restaurante japonés asomado al Rijnhaven con tentaciones como seriola al carbón con helado de wasabi. *17.00-22.00 ma-do*

Restaurantes internacionales

Foodhallen Rotterdam €€
15 C3
Zona de restauración en el almacén Pakhuismeesteren con 12 puestos y propuestas como *pizza* al estilo neoyorquino, platos javaneses, *bao*, *dim sum*, hamburguesas, *bitterballen* (especie de croquetas de ragú) comida callejera vietnamita. *12.00-22.00*

Fenix Kitchen €€
16 C5
Cocina en la Fenix Food Factory donde se escanea un código QR para pedir lo que apetezca de la cambiante carta internacional. *11.0... 21.00 ma-ju, hasta 22.0... vi-sa, hasta 20.30 do*

By Ami €€
17 C3
Decoración que evoca bosque colorido, terraz... en el Rijnhaven y carta variada que abarca des... tortitas de pato a la pe...nesa y cebiche de lubi... hasta hamburguesitas Black Angus. *11.00-22.0...*

Cafés

Koffiebar Namaste €...
18 B6
Propuestas saladas (*sh...shuka* de espinacas) y dulces (*brownies* de ch...colate y *tahini* sin glute... junto con café artesana... de Schot Coffee Roaste... *10.00-17.00 mi-do*

ph's Deli ⓔ

C3

eis (p. ej., de pas-
ii y mostaza), *rolls*
gosta y mayonesa
ada) y tostadas (agua-
y jamón serrano);
ito abrirá también por
oche. *9.00-16.00 lu-vi,
ta 15.00 sa*

dy's Bakery ⓔ

B6

ocio en Deliplein
de los cuatro de la
ena) de cuyo horno
iedra salen galletas,
teles, cruasanes,
dwiches y *pizzas* de
a madre. *8.00-18.00*

ber

ctelerías

y

C2

del Hotel nhow en la
lanta del complejo
Rotterdam con vistas
de la terraza y cócte-
como el Fat Sailor (ron
uro, *kahlúa* y zumo de
). *12.00-24.00 do-ju,
ta 2.00 vi-sa*

Basement

B4

acio del Hotel New
donde escuchar *jazz*
omenajes musicales a
atra ciertos domingos)
mar cócteles como el
Sinatra Vieux (con *whisky* y DOM Bénédictine). *17.00-24.00 mi-ju hasta 1.00 vi-sa, hasta 23.00 do*

Bar Break

23 B6

Cócteles reinventados (como Té Helado Long Island con espuma de café o Appletini con camomila) en un interior de ladrillo visto o terraza de Deliplein. *15.00-23.00 do y mi-ju, hasta 1.00 vi-sa*

Locales de música en vivo

Café De Ouwehoer

24 B6

Evocador *bruin café* en Deliplein que acoge conciertos. *15.00-24.00 ma-ju, hasta 2.00 vi, 14.00-2.00 sa, 14.00-24.00 do*

Café Dox

25 D2

Local en el Nieuwe Luxor Theater con vistas al Rijnhaven, música en directo (sobre todo, bandas y cantautores acústicos), cervezas locales y vinos naturales. *9.00-20.00 lu, hasta 23.00 ma-sa*

Café Norge

26 A7

Bruin café que atrae con conciertos y sesiones de DJ los fines de semana, karaoke, juegos de preguntas, billar, terraza a pie de calle y chimenea. *14.00-1.00 do-ju, hasta 2.00 vi-sa*

Cafeterías

Café Prêt à Boire

27 F5

De noche, vino; de día, café a base de granos tostados localmente (de Shokunin Coffee y A Matter of Concrete) y excelentes rollos de canela. *16.00-23.00 ju-sa*

Kopi Soesoe

28 B6

Café (V60, AeroPress, de filtro y expreso) servido en mesas de pícnic en Deliplein o en el hogareño interior, a veces con conciertos. *8.00-17.00 lu-vi, 9.00-18.00 sa-do*

Comprar

Salud y belleza

Tattoo Bob

29 B6

Sitio donde Bob, legendario en toda la ciudad, tatúa desde 1968; ahora también elimina tatuajes y maquillaje permanente. *13.00-22.00 lu-sa*

New York Barbershop

30 B4

Barbería tradicional abierta en 1884 que ofrece afeitados en húmedo con navaja, cuidados para el bigote y la barba, y cortes de pelo. *9.00-18.00 ma-vi, hasta 15.00 sa*

Explora Holanda Meridional

Merece la pena

Circuitos a pie y en bicicleta

Kinderdijk (p. 132).

Sugerencias de lugares para comer, beber y comprar en **p. 107**

Explora
Delft

...algama de tesoros medievales y del s. XVII, el centro de ...lft es uno de los cascos antiguos más hermosos del país; sus ...lejuelas atravesadas por canales, enladrillado de la plaza del ...rcado y pintorescas iglesias dan la impresión de que el lugar ...enas ha cambiado desde los tiempos del reverenciado pintor ...al Johannes Vermeer, si bien hoy es una animada y artística ...dad universitaria. A medio camino entre Róterdam (14 min ... tren o 45 min en bici) y La Haya (12 min en tren o 30 min ... bici), es sencillo visitarla en un día, pero quedarse a dormir ...rmite experimentar la ciudad de manera aún más mágica y ...n menos aglomeraciones.

...ómo desplazarse

Tren

...y trenes Intercity y Sprinter que ...nectan Delft con Róterdam (14 min) ...a Haya (12 min).

A pie

...sde la estación de trenes, un paseo de ...0 m al noreste lleva a Markt, el corazón ...ano.

Tranvía

...sde la estación de trenes, las líneas 1 ...9 van por Phoenixstraat al norte de la ...dad.

LO MEJOR

IGLESIA
Nieuwe Kerk (p. 104)

FÁBRICA DE CERÁMICA
Royal Delft (p. 105)

PLAZA DEL MERCADO
Markt (p. 105)

CENTRO ARTÍSTICO
Vermeer Centrum Delft (p. 100)

CIRCUITOS POR CANALES
Sloepverhuur Delft Randstad Recreaties (p. 106)

...lft.

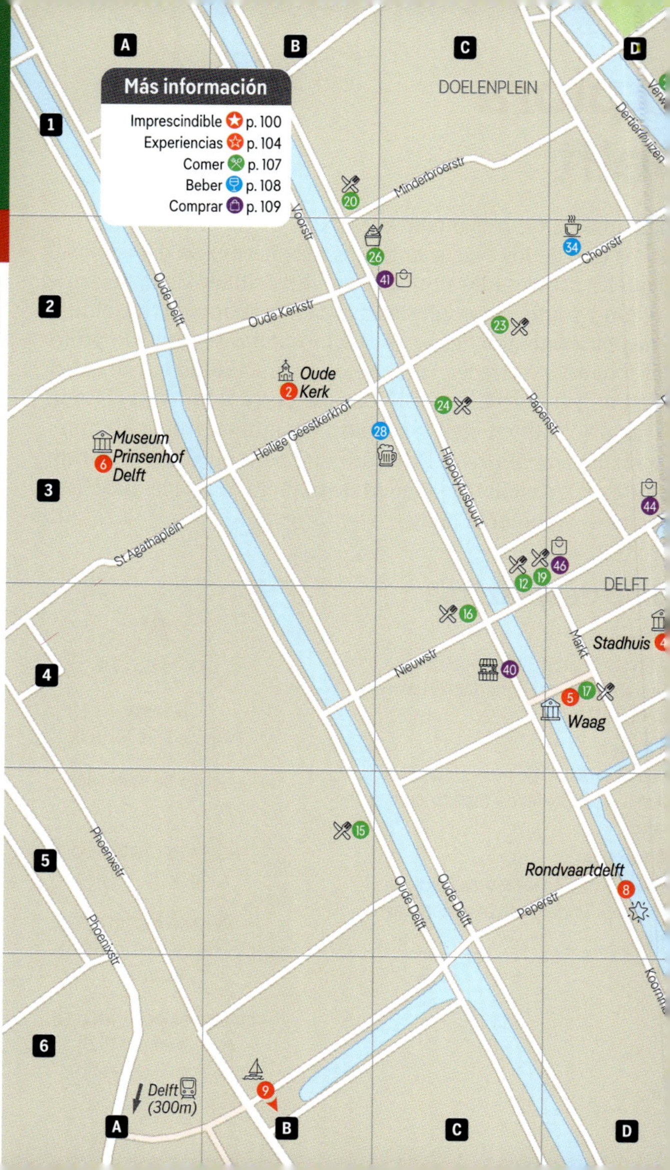
Más información
Imprescindible p. 100
Experiencias p. 104
Comer p. 107
Beber p. 108
Comprar p. 109
A
B
C
D
1
2
3
4
5
6
DOELENPLEIN
Minderbroerstr
Voorstr
Choorstr
Oude Delft
Oude Kerkstr
Oude Kerk
Heilige Geestkerkhof
Papenstr
Museum Prinsenhof Delft
Hippolytusbuurt
St Agathaplein
DELFT
Stadhuis
Markt
Nieuwstr
Waag
Phoenixstr
Phoenixstr
Oude Delft
Oude Delft
Rondvaartdelft
Peperstr
Delft (300m)
20
26
41
34
23
2
24
28
6
44
46
12
19
16
40
5
17
15
8
9

E
F
G
H
0
200 m
1
2
3
4
5
6
Rietveld
Rietveld
Vlamingstr
Vlamingstr
Trompetstr
10
25
30
Vrouwjuttenland
Nieuwe Langendijk
ART
Jacobs
11
Vrouwenregt
14
eer
um
ft
38
37
Voldersgr
Kerkstr
35
1
Nieuwe
Kerk
Broerhuisstr
3
Markt
33
29
13
Beestenmarkt
Oude Langendijk
Burgwal
Maria
Gouweloospoort
IN DE VESTE
27
18
31
45
32
Brabantse Turfmarkt
Molslaan
Kruisstr
Paradijspoort
Brabantse Turfmarkt
22
7

★ IMPRESCINDIBLE

Vermeer Centrum Delft

El gran pintor Vermeer nació en 1632 en Delft y en ella vivió hasta su muerte en 1675, aunque ninguna de sus obras está en la ciudad, algo que este centro trata de compensar con reproducciones, presentaciones en vídeo y muestras sobre los materiales y las técnicas de la pintura del s. XVII.

PLANO: P. 98 **E3**

UN CONSEJO
Por el casco histórico de Delft hay cubos que marcan lugares importantes en la vida Vermeer; el centro vende un folleto *(3 €; disponible en inglés)* que los descubre en un circuito a pie.

Escanea este código QR para información práctica.

Planta inferior

Un lugar estupendo para familiarizarse con Vermeer es el **Vermeer Centrum Delft** *(adultos/niños 12/6 €)*, centro de información en un edificio reconstruido que acogió la histórica sede del gremio de San Lucas, del que el pintor fue decano cuatro años.

Tras una breve presentación en vídeo sobre la vida del maestro (disponible en varios idiomas), se muestran buenas reproducciones digitales a tamaño real de 37 cuadros que ofrecen una visión completa de la obra del artista; dichas réplicas están dispuestas en orden cronológico para apreciar la evolución de motivos y técnicas a lo largo de su carrera. Asimismo, la detallada información proporcionada resulta útil antes de admirar las pinturas originales que se exhiben en la **Mauritshuis** (p. 114) de La Haya y el Rijksmuseum de Ámsterdam.

Planta superior

En el piso de arriba (accesible en silla de ruedas, como todo el edificio) aguarda lo más interesante una exposición sobre los pigmentos y utensilios que Vermeer debió de utilizar durante su efímera trayectoria profesional y una muestra interactiva acerca del juego de luces y sombras que caracterizan sus cuadros (con razón lo apodaron "el maestro de la luz").

También se informa acerca de la restauración en el 2010 de *Mujer leyendo una carta* (1663-1664

DIERK SCHAEFER/FLICKR/CC BY 2.0 DEED ⊛

ra expuesta en el Rijksmuseum en Ámsterdam; rante la laboriosa tarea, financiada con los ingres obtenidos al ceder la pintura a distintas galerías l mundo, se eliminó el amarillento barniz que cubría, lo que permitió descubrir cómo lograba rmeer una tonalidad azul tan intensa: aplicaba a primera capa de verde cobrizo para que el azul saltara más.

xposiciones temporales y eventos

centro también organiza exposiciones temporales lacionadas con Vermeer (p. ej., obras de artistas cales, fotografías de flores o ropa confeccionada n material publicitario reciclado) y, a veces, actividades interactivas. La soberbia tienda de regalos del gar tiene desde servilletas y vajillas hasta reprocciones en lienzo.

UNA PAUSA
Es muy probable que Vermeer visitara la casa de pesaje **De Waag** (p. 105), donde ahora se ofrecen bebidas, almuerzos ligeros y cenas sofisticadas.

CIRCUITO A PIE

Delft

Que en la cuna de Vermeer no se exponga ningún cuadro suyo no quiere decir que sea un lugar artísticamente deficitario; este paseo revela arrebatadoras obras públicas de creadores locales que homenajean al patrimonio local, desde mapas antiguos del casco histórico y su red de canales hasta esculturas y murales inspirados en la icónica cerámica azul de Delft.

INICIO	FINAL	DURACIÓN
Estación de trenes	Beesenmarkt	1,5 km; 2 h

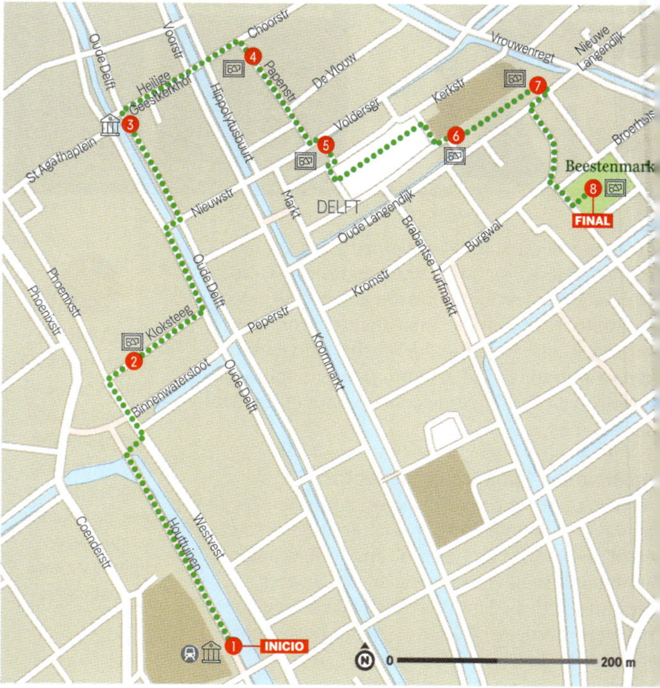

Arte cartográfico

. luminosa **estación de trenes,** señada por el estudio local Menoo e inaugurada en el 2015, ce en su curvo techo interior de uminio un estilizado mapa de s canales de la ciudad en 1877, í como modernos azulejos de elft en el vestíbulo, paredes y lumnas.

Arte callejero

: avanza al norte por Westsingelacht hasta el mural **'De Gouden euw'** (La Edad de Oro) que icha de Bie realizó en Kloksteeg 1 el 2019, cuyo extremo oeste reesenta a personalidades de Delft mo Hugo de Groot y la joven de perla. Más adelante hay fachadas ntadas como en los cuadros del XVII de Pieter de Hooch.

Galería en una cabina

: bordea el canal Oude Delft acia el norte cruzando el puente eatonal Jeronymusbrug (s. XVII) ara llegar a **Voor de Kunst,** abina telefónica transformada en icrogalería para artistas locales or Tijn Noordenbos en 1973.

Mural a modo de mosaico

ras dejar atrás la Oude Kerk y ravesar el canal Nieuwe Delft : alcanza **'Keramieken Kaart an Delft'** (2020), mosaico creado on azulejos por Nan Deardorff IcClain que representa un mapa e la Delft del s. XVII con curiosidaes, símbolos y detalles ocultos.

5 Callejuela azulejada

Se continúa al sur por Papenstraat hasta Voldersgracht; allí mismo, en el callejón **Bonte Ossteeg** ("Buey colorido"), Hugo Kaagman realizó en el 2013 un doble homenaje a la cerámica de Delft: una estarcida caja eléctrica con un buey azul y blanco esculpido encima, y un muro entero revestido de azulejos.

6 'Corazón azul'

Cruzando Markt en dirección a la Nieuwe Kerk aguarda **'Het Blauwe Hart'** (1998), llamativa escultura de acero y cristal azul de Marcel Smink que se ilumina por dentro de noche.

7 'La lechera'

Al otro lado de la Nieuwe Kerk está **'Het Melkmeisje',** escultura de hormigón y estuco inspirada en el óleo *La lechera* (1658) de Vermeer que Wim T. Schippers instaló en 1976 para conmemorar el 300º aniversario de la muerte del pintor.

8 Vaca tricolor

Finalmente, se va al sur por Burgwal hasta Beestenmarkt; en el centro del otrora mercado de ganado se encuentra **Koe** (1993), una vaca de cerámica vidriada roja, amarilla y azul obra de Rob Brandt, rodeada de cafés y restaurantes.

EXPERIENCIAS

Subir a lo alto de la Nieuwe Kerk

IGLESIA

PLANO: 1 P. 98 F3

La **Nieuwe Kerk** *(Iglesia Nueva; oudeennieuwekerkdelft.nl; adultos/niños con la Oude Kerk 8,50/4 €)*, que tiene la segunda torre más alta de los Países Bajos (tras la Domtoren de Utrecht), es "nueva" en comparación con la Oude Kerk o Iglesia Vieja. En 1351 se produjo aquí una aparición, recurrente a lo largo de tres décadas, que motivó el levantamiento de un templo de madera provisional en 1381; la basílica actual, construida a su alrededor, se completó en 1655.

La Iglesia Nueva es el lugar de descanso final de casi todos los miembros de la Casa de Orange desde que, en 1584, fue enterrado en ella Guillermo el Taciturno (en un mausoleo de mármol diseñado por Hendrick de Keyser). También yace en ella el estadista Hugo de Groot. Otro elemento destacado del templo es el órgano de 1839 con más de 3000 tubos; la programación de conciertos está en *kerkconcertendelft.nl.*

Subir los 376 peldaños de la angosta escalera de caracol de su torre de 109 m de altura *(adultos/niños 6/3,50 €, con las iglesias Nieuwe y Oude 13/5 €)* permite divisar Róterdam y La Haya en días despejados. *Accesible solo para mayores de 6 años.*

Honrar a Vermeer en la Oude Kerk

IGLE

PLANO: 2 P. 98 B2

Guillermo II de Holanda concedi a Delft derechos de ciudad en 124 año de la fundación oficial de su Iglesia Vieja (a la que en realidad precedió un templo de madera de 1240). Llamada originalmente Sint Bartholomeusas, presenta u torre de 75 m finalizada en 1350 que se desvía casi 2 m de la línea vertical debido al hundimiento d sus cimientos en el canal (de ahí apodo Scheve Jan, "Juan inclinado"); a media altura, en su espad ña de roble, tañen una de las dos campanas cada media hora.

La iglesia fue conocida como Sint Hippolytuskerk desde 1396 hasta que se erigió la Nieuwe Ker o Iglesia Nueva, cuando pasaron denominarla **Oude Kerk** *(oudeen nieuwekerkdelft.nl; adultos/niños con la Nieuwe Kerk 8,50/4 €)*. La sección más antigua tiene una au tera bóveda de cañón; el transept norte es de principios del s. XVI, con un techo abovedado gótico. E púlpito principal, bellamente talla do, data de 1548 y ha sobrevivido incendios y saqueos. El órgano de 2832 tubos suena en misas y conciertos *(kerkconcertendelft.nl)*.

Hay que fijarse en las lápidas d Johannes Vermeer (una del 2007 y otra de 1975 que conmemoró el 300º aniversario de la muerte del pintor) y en la grandiosa tumba d mármol blanco y negro del marin y héroe nacional Piet Hein.

riosear en una plaza onumental MERCADO Y ARQUITECTURA

rectangular **Markt** (PLANO: 3 P. 98 una de las históricas plazas de ercado más grandes de Europa, oge a vendedores desde el s. XIII e pavimentó a finales del s. XV; extremos opuestos se alzan la ponente Nieuwekerk y el renantista **Stadhuis** (PLANO: 4 P. 98 **D4**), ayuntamiento, construido en tor- a un campanario de principios l s. XIV. Detrás del consistorio halla **De Waag** (PLANO: 5 P. 98 **D4**; 107), café-restaurante emplazado la casa de pesaje del s. XVI que tuvo en uso hasta 1960.

En la plaza aún se instala cada eves un mercado con unos 150 estos que venden fruta, verdura, eso, especias, flores, menaje y *uvenirs*.

> **MUSEO EN RENOVACIÓN**
> PLANO: 6 P. 98 **A3**
> El convento donde El Taciturno fue asesinado en 1584 (primer magnicidio de la historia cometido con arma de fuego, como recuerdan los orificios de bala en la pared) aloja el **Museum Prinsenhof Delft** *(museumprinsenhofdelft.nl)*. El motivo de su cierre desde principios del 2025 es añadir un ascensor y crear un nuevo acceso que deje pasar la luz natural. Está prevista su reapertura para la primavera del 2027, cuando también contará con un café, una tienda, un estudio interactivo y exposiciones sobre el desdichado príncipe, los grandes maestros de Delft y la cerámica de la ciudad.

miliarizarse con cerámica de Delft FÁBRICA

ANO: 7 P. 98 **H6**

Delft del s. XVII contaba con 32 bricas que producían una caracrística cerámica pintada de azul. oy solo queda una: Koninklijke rceleyne Fles, de nombre comerl **Royal Delft** *(museum.royal lft.com; adultos/niños 15/7 €)*, nde se elabora a mano porcelana sde 1653, situada 1,5 km al sur Markt.

Se aconseja dedicar 1 h a visitar n audioguía su museo y admirar colección personal de Guillero III (que donó a la compañía 1887) y otras piezas de factura posterior a 1879. El circuito, que también ilustra el proceso de producción y la técnica de pintura, termina en la tienda de regalos. Se aconseja reservar con antelación la asistencia a un taller *(14.00 ma-do, desde 37,50 €)* en donde se enseña a pintar baldosas y platos; también se imparte uno para niños.

Como colofón, se propone reservar para el té-merienda *(27,50 €, mín. 2 personas)*, servido en auténtica cerámica de Delft, en el restaurante Brasserie1653 (también ofrece almuerzos). La visita se puede combinar con el crucero por los canales Delft Blue Line *(combinado con visita al museo adultos/niños 27,50/12 €, solo crucero desde 13,50/6 €).*

Explorar canales

CRUCEROS Y DEPORTES ACUÁTICOS

Delft luce de lo más pintoresca desde sus vías acuáticas. De abril a octubre, **Rondvaartdelft** (PLANO: 8 P. 98 **D5**; *rondvaartdelft.nl; adultos/niños 12,50/5,50 €*) propone cruceros que zarpan cada hora *(11.00-17.00)* desde Koornmarkt 113 con comentarios en varios idiomas sobre la historia y los monumentos de la ciudad.

Para recorrer los canales por libre, de abril a septiembre se puede alquilar (sin necesidad de licencia de navegación) una embarcación ecológica y silenciosa donde caben hasta seis adultos a **Sloepverhuur Delft Randstad Recreaties** (PLANO: 4 P. 98 **B6**; *randstadrecreaties.nl*), con sede en Westsingelgracht junto a la estación de trenes. Se proporcionan instrucciones y mapas de rutas, con opción de alquilar chalecos salvavidas. El precio parte de 89/159 € para bloques de 2/4 h, co estupendos extras como cava (cop. incl.), *borrelhapjes* (tentempiés), almuerzos preparados y completo servicios de té.

Sup & Surf Delft (PLANO: 10 P. 98 **H1**; *supdelft.nl*) organiza circuitos guiados de surf de remo de 3-4 h *(27,50 €)* para observar de cerca el bonito paisaje pasando bajo puentes y haciendo un alto en un cafetería ribereña; también ofrece lecciones de 75 min en este depor para principiantes *(20 €).*

Ver trabajar a un creador local

AR

PLANO: 11 P. 98 **G2**

Si el artista local René Jacobs se encuentra en su estudio-galería **ART Jacobs** *(artjacobs.nl)* de Nieuwe Langendijk, se le puede ver en plena labor; de lo contrario siempre es posible echar un vistaz a sus creaciones, que ya superan l 100 reinterpretaciones de cuadros del pintor más famoso de la ciuda Johannes Vermeer. Tiene obras a la venta. Abre viernes, sábado y, a menudo, de lunes a jueves.

LA DELFT INMORTALIZADA POR VERMEER

El magistral pintor neerlandés Johannes Vermeer (1632-1675), que pasó toda su vida en Delft, tuvo 15 hijos (11 de los cuales sobrevivieron a la infancia) y dejó menos de 40 cuadros (se discute el número exacto, pues los expertos en su ob cuestionan la autoría de algunos lienzos que hasta ahora se le atribuían). Verme se inspiró en la vida cotidiana de Delft, especializándose en exteriores, escena domésticas y retratos de extraordinario realismo. Su paisaje más conocido, *Vista de Delft* (c. 1660-1661), captura el juego de luces y sombras de una jornad parcialmente nublada; es posible visitar el lugar desde donde la captó al otro lado del canal en Hooikade, al sureste de la estación de trenes.

Lo mejor para...

€ Económico €€ Medio €€€ Alto

Localizaciones en el plano de la p. 98

Comer

Restaurantes holandeses

De Visbanken €
C3
Pabellón semiabierto con apetecible género expuesto que abarca pescado fresco, marinado, ahumado y frito; su historia se remonta a 1342. *9.00-18.00 ma-vi, hasta 17.00 sa*

Spijshuis de Dis €€
H4
Joya de encanto clásico con mesas fuera en Beestenmarkt y especialidades como sopa de pescado servida en un panecillo, conejo a la cerveza o pastel de jengibre empapado de licor de canela. *17.00-22.00 ma-sa*

Cafés

Lek €
E2
Cestas de frutas y verduras ecológicas para zumos y batidos, café de Giraffe tostado en Róterdam y comida (gofres, *trifles* de yogur, tacos, etc.). *8.30-16.30 mi-lu*

Stads-Koffyhuis €€
15 B5
Sándwiches famosos como el de pan de centeno con queso gouda madurado y mermelada de higos o el de pan blanco cubierto de semillas de amapola con salmón ahumado, espinacas y pesto. *9.00-17.00 lu-sa, 11.00-16.00 do*

Bombina €€
16 C4
Local esquinero asomado al Wijnhaven muy popular para el desayuno y el *brunch* gracias a opciones como huevos Royale sobre *muffins* ingleses o tortitas con beicon y sirope de arce. *8.30-17.00 ma-do*

Restaurantes en emplazamientos históricos

De Waag €€
17 D4
Antigua casa de pesaje (s. XVI) en Markt con una inmensa terraza perfecta para tomar una cerveza y carnes sustanciosas. *11.00-21.00 lu-mi y vi-sa, desde 10.00 ju, 11.00-18.00 do*

Stadsherberg de Mol €€
18 G5
Edificio de 1465 con muros de ladrillo de medio metro de grosor y pesadas vigas de roble que apuesta por la gastronomía borgoñona y los banquetes medievales los fines de semana (alquiler de atuendo: 5 €). *18.00-22.00 mi-ju y sa-do, 19.00-23.00 vi*

De Centrale €€€
19 C3
Menú sorpresa de entre cuatro y siete platos con maridaje de vinos naturales y enfoque sostenible en el almacén de grano y carne De Koornbeurs (s. XVI). *18.00-22.00 do-ju, desde 17.30 vi-sa*

Restaurantes italianos

Il Tartufo €
20 B1
Tienda delicatesen italiana con vino, pan, pasta y embutidos, y mesas para comer con manteles a cuadros rojos y blancos. *12.00-20.00 lu, desde 11.00 ma-vi, 10.00-17.00 sa*

La Fontanella €€

21 D1

Local de barrio, en activo desde 1974, que importa todo de Italia y con terraza flotante en verano. *17.00-22.00 ma-do*

San Marco €€

22 F6

En el Brabantse Turfmarkt, propone *pizzas* al horno de leña, pasta fresca, recetas tradicionales de carne y pescado, y postres como *cannelloni* de chocolate y ricotta o tiramisú de pistacho. *17.00-22.00*

Pastelerías

Stadsbakkerij de Diamanten Ring €

23 C2

Delicias horneadas desde 1799; hay que probar su Delftse Bol (pasta *choux* con nata montada y chocolate) y su *appeltaart*. *8.00-18.00 lu-sa, 9.00-17.00 do*

Bakker Suikebuik €

24 C3

Local especializado en galletas (de merengue, *bokkepootjes* con puntas de chocolate, *roomboter spritsen* estilo *shortbread*, etc.) y té. *8.00-17.00 ma-sa, desde 12.00 do*

Les Gâteaux €

25 F2

Local francés con 40 variedades de quiche, como de queso de cabra, nueces y miel; de setas y trufas; y Lorraine. *11.00-18.00 mi-vi, 10.00-17.00 sa*

Heladerías

Chocolaterie De Lelie €

26 B2

Exquisitos helados elaborados con leche y yogur ecológicos del vecino pólder Groene Hart y fruta de Koos Bertels (que vende desde 1838). *10.00-22.00 lu-sa*

IJs & Zo €

27 H5

Más de 80 helados y sorbetes de gustos como pistacho caramelizado, pimienta y vainilla, *jenever* al melón o espino amarillo, con opción de cono sin gluten. *13.00-21.00 mi-do*

Beber

Cervecerías

Delfts Brouwhuis

28 C3

La cervecería más reciente de Delft (2019) sirve en el bar de abajo cinco variedades propias de barril y otras artesanales de producción nacional. *11.00-1.00 do-ju, hasta 2.00 vi-sa*

Café-Brasserie Belvédère

29 G4

Mar de mesas bajo los árboles de Beestenmar[k] donde saborear cervez[a]s belgas (15 de barril incl.) *12.00-1.00 do-lu, desde 11.00 ma-sa*

Doerak

30 E2

Asientos dentro y fuera junto a un canal, larga barra y amplísima selección de cervezas artesanales y trapenses, 12 de ellas de barril. *14.00-1.00 lu-ju, hasta 2.00 vi, 12.00-2.00 sa, 13.00-1.00 do*

Bebop Jazzcafé

31 E5

Jam sessions los martes, conciertos los miércoles, 90 cervezas y muchos *whiskies*. *19.00-24.00 lu, 16.00-1.00 ma-ju, 15.00-2.00 vi, 14.00-2.00 sa*

Locus Publicus

32 F5

Popular *pub* con más de 200 cervezas (15 de barril) y degustaciones (12 € por cuatro con un tentempié). *16.00-1.00 ma-ju, hasta 2.00 vi-sa*

Cafeterías y salones de té

Cortado Cafe

33 G3

Cortado (especialidad d[e] la casa), capuchino y caf[é] con hielo preparados co[n] ınos tostados en LOT61 msterdam), así como ; (de menta, de jazmín, :.). *9.00-17.00*

eef Rob

D2

ıa veintena de cafés ırajillos con licor de fé, *amaretto* o *whisky* :l.), más de un centenar tés de hojas sueltas hocolate artesano. *00-17.00 ma-sa, desde 00 do*

zz

E3

de hojas sueltas o *ty chai;* café exprés, *ur-over* con hielo o ezclado con leche, pecias y calabaza empre con granos de ss Morrison tostados Delft); y batidos que eden llevar alcohol. *.00-17.00 ju-ma*

omprar

erámica de Delft

oyal Delft Brandstore

D3

omercio oficial de única fábrica que n produce la típica erámica de Delft; está ı Markt y certifica cada eza. *9.30-18.00 lu-sa, esde 10.00 do*

De Blauwe Tulp

37 F2

Estudio y tienda tocante a Markt donde pintan y venden cerámica de Delft. *10.00-17.00 lu-sa mar-sep, horario reducido oct-feb*

De Candelaer

38 F2

Negocio de cerámica de Delft junto a Markt cuyos artistas trabajan de cara al público. *9.30-17.00 lu-vi, desde 10.00 sa*

Mercados

De Markt

39 E3

Mercado de productos de granja y flores que se remonta al s. XII; los vendedores se instalan en la plaza homónima y en Brabantse Turfmarkt. *9.00-17.00 ju*

Antiekmarkt

40 C4

Más de 100 puestos a lo largo de Hippolytusbuurt, Voorstraat y Wijnhaven que venden vajillas, cerámica, antigüedades, libros, arte y más. *10.00-16.00 sa med abr-sep*

Tiendas de arte y diseño

Voorlopig

41 C2

Cerámica, arte, bolsos, joyas, ropa y libros infantiles de la mano de más de 70 artistas locales. *10.00-18.00*

Pleck

42 E3

Vende menaje y ropa y también es un café con patio. *10.00-17.30 ma-ju, hasta 18.00 vi-sa, 12.00-17.00 do*

Droom

43 E3

Velas, jarrones, juegos de pícnic, monederos, perfumes y demás artículos de diseño neerlandés. *12.00-17.30 lu-vi, desde 11.00 sa, 12.00-17.00 do*

Tiendas de música

Plexus

44 D3

Miles de grabaciones en condiciones perfectas o casi, incluidas rarezas de Led Zeppelin y Miles Davis Quintet. *12.00-18.00 lu, desde 10.00 ma-ju y sa, 10.00-21.00 vi, 12.00-17.00 do*

Sounds

45 F5

Desde 1999 venden discos nuevos y de segunda mano. *12.00-18.00 lu, desde 9.30 ma-vi, 9.30-17.00 sa, 12.00-17.00 do*

Velvet Music

46 D3

Vinilos, CD, casetes y DVD de géneros distintos (*reggae,* música global, *jazz,* baladas, etc.). *12.00-18.00 lu, desde 9.30 ma-sa, 12.00-17.00 do*

Sugerencias de lugares para comer, beber y comprar en **p. 127**

:xplora .a Haya

ı señorial Den Haag (apodada 's-Gravenhage, "seto del conde") la sede monárquica y gubernamental del país (aunque la ,pital sea Ámsterdam); además del Binnenhof, el Parlamento nto al lago Hofvijver, en plena renovación, en la ciudad se ıcuentra el Vredespaleis (Palacio de la Paz), que acoge dos ibunales internacionales. Las regias estructuras de La Haya bergan galerías, museos y teatros excelentes, si bien la tercera udad más poblada de los Países Bajos también presume de ıevas joyas arquitectónicas y animados bares y restaurantes, ıbre todo en torno a la céntrica Grote Kerk (plaza mayor) y ·rca del puerto pesquero en la punta sur de la larga y dorada aya de Scheveningen.

:ómo desplazarse

Tren

ıy trenes Intercity y Sprinter que conectan s estaciones Centraal de La Haya y Róter- ım (30 min) vía Delft (12 min).

Tranvía

ı línea 1 enlaza La Haya con Róterdam 5 min); la 15 y la 17 atraviesan el centro de la udad; la 1, la 9 y la 11 llegan a Scheveningen.

A pie

centro está 1 km al oeste de la estación entraal.

LO MEJOR

GALERÍA DE ARTE
Mauritshuis (p. 114)

SURF
Scheveningen (p. 123)

TORRE DE IGLESIA
De Haagse Toren, Grote Kerk (p. 122)

COMPLEJO CULTURAL
Amare (p. 125)

CÁRCEL MEDIEVAL
Rijksmuseum de Gevangenpoort (p. 122)

edespaleis (p. 125).
KOR LIGHT/SHUTTERSTOCK ©

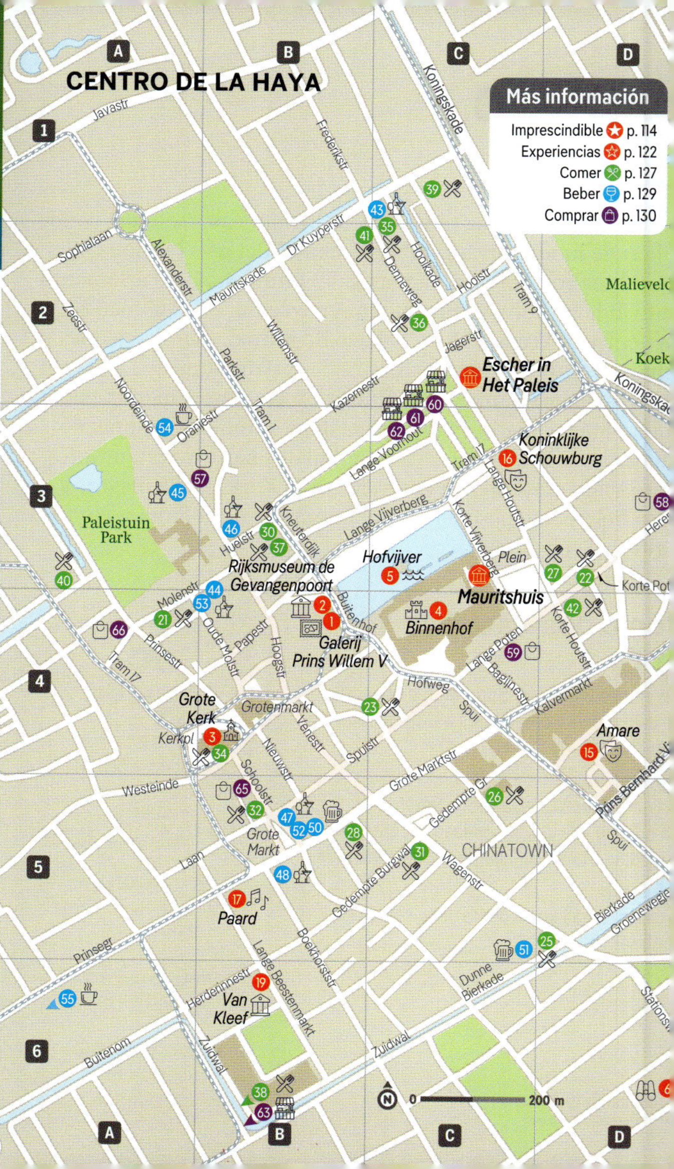
CENTRO DE LA HAYA
Más información
Imprescindible p. 114
Experiencias p. 122
Comer p. 127
Beber p. 129
Comprar p. 130
A
B
C
D
1
2
3
4
5
6
Javastr
Frederikstr
Koningskade
Sophialaan
Alexanderstr
Mauritskade
Dr Kuyperstr
Dennenweg
Hooikade
Hoogstr
Tram 9
Malieveld
Koek
Zeestr
Willemstr
Parkstr
Tram 1
Noordeinde
Oranjestr
Kazernestr
Jagerstr
Escher in Het Paleis
Lange Voorhout
Tram 17
Koninklijke Schouwburg
Lange Houtstr
Paleistuin Park
Kneuterdijk
Lange Vijverberg
Korte Vijverberg
Hueistr
Rijksmuseum de Gevangenpoort
Hofvijver
Plein
Korte Pot
Mauritshuis
Molenstr
Oude Molstr
Papestr
Buitenhof
Binnenhof
Galerij Prins Willem V
Prinsestr
Hoogstr
Korte Houtstr
Lange Poten
Bagijnestr
Hofweg
Spui
Kalvermarkt
Grote Kerk
Grotenmarkt
Kerkpl
Venestr
Spuistr
Amare
Prins Bernhard V
Westeinde
Nieuwstr
Schoolstr
Grote Marktstr
Gedempte Gr
Grote Markt
Laan
Gedempte Burgwal
Wagenstr
CHINATOWN
Spui
Paard
Bierkade
Groenewegje
Prinsegr
Boekhorststr
Lange Beestenmarkt
Dunne Bierkade
Herderinnestr
Van Kleef
Stationsw
Buitenom
Zuidwal
Zuidwal
0 200 m
Here

SCHEVENINGEN

Más información
Experiencias p. 122
Comer p. 127
Beber p. 129
Comprar p. 130

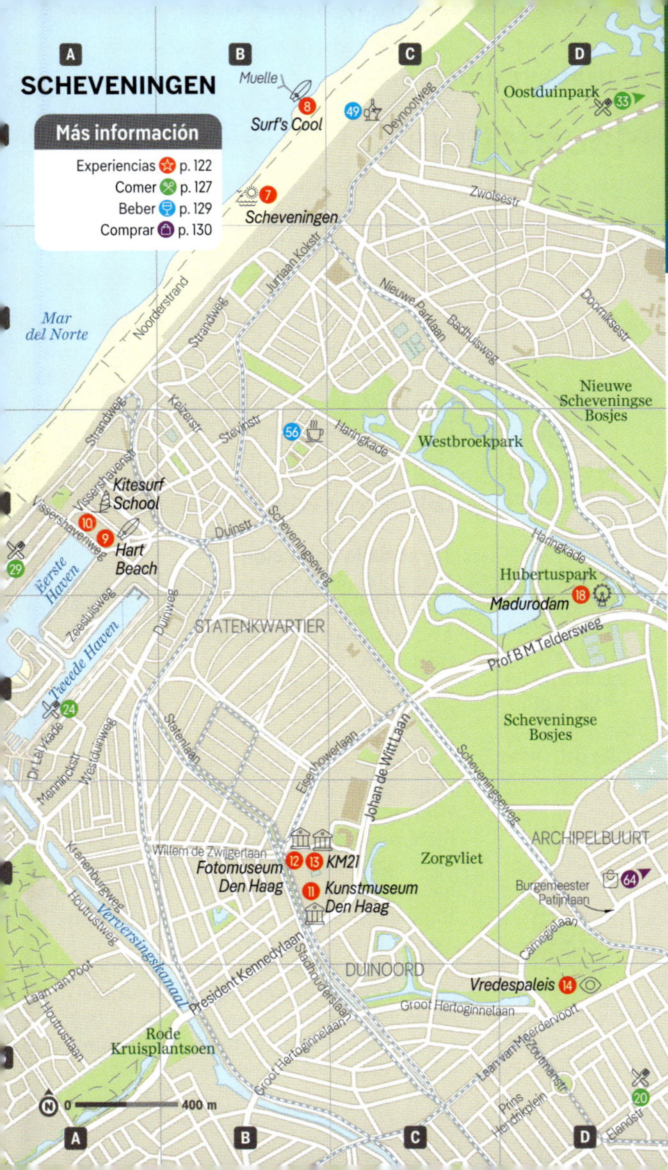

★ IMPRESCINDIBLE

Mauritshuis

Museo de primera categoría que atesora numerosas obras maestras de la pintura barroca neerlandesa y flamenca del s. x realizadas por genios como Vermeer, Rembrandt, Rubens y Ha

PLANO: P. 112 **C3**

UN CONSEJO
Se recomienda comprar la entrada en línea para reservar la franja horaria más conveniente (hay menos gente a partir de las 15.00) y descargar la *app* gratis del museo.

Escanea este código QR para precios, horarios y demás.

Edificio

Con un emplazamiento espectacular junto al Binnenhof a orillas del Hofvijver, la Mauritshuis *(adultos/niños 19,50 €/gratis)* acoge el Gabinete Real de Pinturas desde 1822; tras su privatizació en 1995, se cerró por ampliación del 2012 al 2014. La entrada también da acceso a su predecesora, l **Galerij Prins Willem V** (p. 122).

Joyas de la colección

Una de las obras más reconocibles es *Escena en e hielo* (1610; sala 16), del amsterdamés Hendrick Avercamp, que representa a patinadores sobre un río helado entre molinos y casas con techumbre d paja al fondo. También merece especial atención *jilguero* (1654; sala 14), pintura de Carel Fabritius de exquisito realismo.

La colección es rica en retratos, incluido el de grupo de *La lección de anatomía del Dr. Nicolaes Tulp* (1632; sala 9), inmenso y truculento óleo que Rembrandt pintó en Ámsterdam con solo 25 años en la sala siguiente hay más obras suyas. Tampoco hay que perderse los bonitos retratos de Aletta Hanemans (1625) y su esposo Jacob Olycan (1625) ambos de Hals (sala 9).

Pero por encima de todos ellos está *La joven de la perla* (1665), de Vermeer, que se exhibe destacadamente en la sala 15 junto a *Vista de Delft* (1660-61) y su maravilloso juego de luces y sombras, del mismo autor.

LEX VAN LIESHOUT/ANP/AFP VIA GETTY IMAGES ©

examinación del pasado

Mauritshuis ocupa la mansión de 1641, ejemplo clasicismo holandés, que Jacob van Campen ncibió para el conde Juan Mauricio de Nas-ı-Siegen (1604-1679), gobernador de la colonia en asil que la Compañía Neerlandesa de las Indias cidentales arrebató a los portugueses por sus linos y plantaciones de caña de azúcar. En los imos años, la galería se ha propuesto analizar papel de Mauricio en el comercio transatlántico esclavos entre África y Brasil. La exposición per-ınente de la sala 8 presenta obras como *Paisaje ısileño con una casa en construcción* (1655-1660) Frans Post, quien formó parte del grupo de artis-s y científicos que viajaron a Brasil con el conde; objetivo es fomentar el debate.

UNA PAUSA

La elegante y moderna Brasserie Mauritshuis ofrece propuestas de almuerzo a base de ingredientes locales inspirados en pinturas del museo y, por la tarde, está bien para una cerveza o vino.

★ IMPRESCINDIBLE

Escher in Het Paleis

Este museo en el dieciochesco palacio de Lange Voorhout homenajea al artista gráfico neerlandés M. C. Escher (1898-1972) con más de 120 xilografías y litografías, incluidas muchas de sus obras más conocidas; fascinado por los patrones matemáticos, Escher ahondó en los concept de repetición, circularidad, infinito y simetría.

PLANO: P. 112 **C2**

UN CONSEJO
El museo cierra los lunes. Las entradas se venden en su web, y se ahorrará algo si se saca una combinada con la Mauritshuis o el Panorama Mesdag a través de Tiqets *(tiqets.com)*.

Escanea este código QR para horarios, precios y demás.

Sede palaciega

Pieter de Swart diseñó esta mansión (1760-1764) para Anthony Patras, alcalde de Sloten y represen tante en los Estados Generales. Tras pasar a man de la familia Hope, importantes financieros de la nobleza europea (Napoleón se alojó brevemente aquí en 1811), fue adquirida en 1896 por la reina consorte Emma (tatarabuela del actual monarca Guillermo Alejandro), quien la usó como residen de invierno hasta su muerte en 1934.

El museo *(adultos/niños 12,50/9,50 €)* se estab ció en este edificio en el 2002: su hermosa escali ta parece subir a la 2ª planta pero sin hacerlo, co las ilusiones ópticas de Escher.

También destacan los suelos de parqué del arti estadounidense asociado al minimalismo Donald Judd (1928-1994) y las lámparas colgantes del esc tor neerlandés Hans van Bentem (n. 1965).

Obras tempranas

Las primeras creaciones de Maurits Cornelis Escher fueron piezas de madera grabadas, mucha inspiradas por sus viajes a Italia. En el 2024, el museo adquirió una de sus xilografías más antigu una contraprueba de un gato blanco que el artist realizó en 1919, cuando se trasladó a Haarlem par estudiar en la Escuela de Arquitectura y Artes Decorativas y su casera le regaló tal animal; se sabe que la dedicó a su sobrino Rudolf gracias a u

DUTCH CITIES/ALAMY STOCK PHOTO ©

to escrito a mano por el propio Escher que había manecido oculto.

Su obra *Torre de Babel* (1928) es un célebre ejem- de su experimentación con la perspectiva.

tamorfosis

pirada en la obsesión de Escher con los con- ptos interrelacionados de eternidad e infinito, *tamorfosis III* (1967-1968) evoca el paralelismo tre tiempo y espacio en un círculo sin fin. Se trata su mayor grabado: casi 7 m de longitud sobre bloques en seis planchas que el artista coloreó a no y montó sobre lienzo; las imágenes repre- tan una ciudad italiana, una partida de ajedrez, ejas, peces, aves, caballos y barcos. Las predeceso- *Metamorfosis I* y *Metamorfosis II* muestran un erés similar por lo cíclico.

UNA PAUSA

La antigua cocina de la reina Emma acoge el MC Café, agradable espacio para tomar un té, café, zumos y pasteles. Los azulejos son preciosos.

CIRCUITO A PIE

La Haya: Centro histórico

La grandiosidad de La Haya sobresale en este paseo por sus edificios más relevantes: partiendo desde uno de los palacios reales, se examina la renovación del Binnenhof (Parlamento) desde una plataforma de observación, se admiran el antiguo ayuntamiento y la iglesia más imponente de la ciudad, y se acaba en el jardín del palacio desde donde se partió.

INICIO	FINAL	DURACIÓN
Paleis Noordeinde (tranvía Kneuterdijk; línea 1)	Paleistuin (tranvía Torenstraat; línea 17)	1,3 km; 2 h

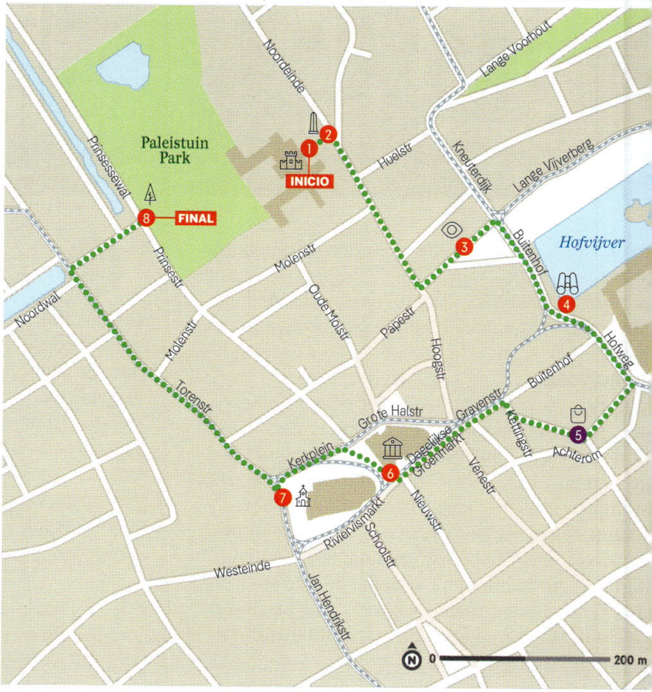

Lugar de trabajo ...a realeza

...aleis Noordeinde acoge el ...pacho oficial del rey Guillermo ...andro (pero no la residencia ...ial de la familia, que es el ...eis Huis ten Bosch, al noreste ...centro de La Haya). En origen ... granja medieval, el lugar fue ...pliado por Federico Enrique de ...nge-Nassau entre 1640 y 1645 ...ta crear el actual palacio con ...na de H, que abre al público ...tos días de verano (véase ko...klijkeverzamelingen.nl).

Estatua regia

...nte a las puertas del palacio se ...la **'Ruiterstandbeeld Prins ...llem van Oranje'** (1845), ...atua ecuestre de Guillermo de ...nge realizada por Émile de ...uwerkerke.

Centro de información

...continúa al sureste por ...ordeinde hasta Plaats, antiguo ...io delantero del Binnenhof ...vertido en plaza pública; allí, el ...**formatiecentrum Binnenhof ...novatie** *(binnenhofrenovatie.nl)* ...talla la renovación plurianual ... Parlamento (p. 123) y expone ...llazgos arqueológicos.

Plataforma de observación

...sureste, a orillas del Hofvijver, la ...taforma de observación **Kijk...iger Uitzichtpunt** se asoma ...sde 28 m a las obras del Binnen...f; tras salvar 149 peldaños, se ...recia la azotea ajardinada cual duna costera que se mimetiza con el entorno.

5 Histórico centro comercial

Hacia el sur, junto a Hofweg, está **De Passage,** galería comercial de techo acristalado inaugurada en 1885 (la más antigua del país) y ampliada en el 2014. Hay tiendas desde de alta costura hasta de chocolate y café.

6 Antiguo Ayuntamiento

Se avanza al suroeste por Gravenstraat hasta Groenmarkt y el **Het Oude Stadhuis.** Construido en 1664-1665 y ampliado en 1733, es un espléndido ejemplo de arquitectura renacentista neerlandesa con hastiales, frontones, ladrillo y piedra natural; en este viejo consistorio se registran los nacimientos de la familia real y se ofician bodas.

7 Iglesia Grande

Enfrente del antiguo ayuntamiento se alza la magnífica **Grote Kerk,** escenario de las bodas y bautizos reales (Guillermo Alejandro y su hija, la princesa Catalina Amalia de Orange, fueron bautizados aquí).

8 Jardín de palacio

Por último, se camina al noroeste hasta Veenkade para acceder al **Paleistuin.** Proyectado en el s. XVII, el jardín del Paleis Noordeinde (abierto del amanecer al atardecer) luce setos, parterres, fuentes, estanques y arboladas extensiones de césped ideales para celebrar un pícnic.

CIRCUITO A PIE

La Haya: Del centro a la costa

Un extraordinario ciclorama del s. XIX sobre Scheveningen (la pintura panorámica más antigua que aún se expone en su emplazamiento original) es el punto de partida ideal para este paseo que lleva a la costa representada vía avenidas, un parque boscoso y una rosaleda, con retorno al centro en tranv
Perfectamente podría hacerse también esta ruta en bici.

INICIO	FINAL	DURACIÓN
Panorama Mesdag (tranvía Mauritskade; línea 1)	De Pier (tranvía Kurhaus; líneas 1 y 9)	5,5 km; 2½ h

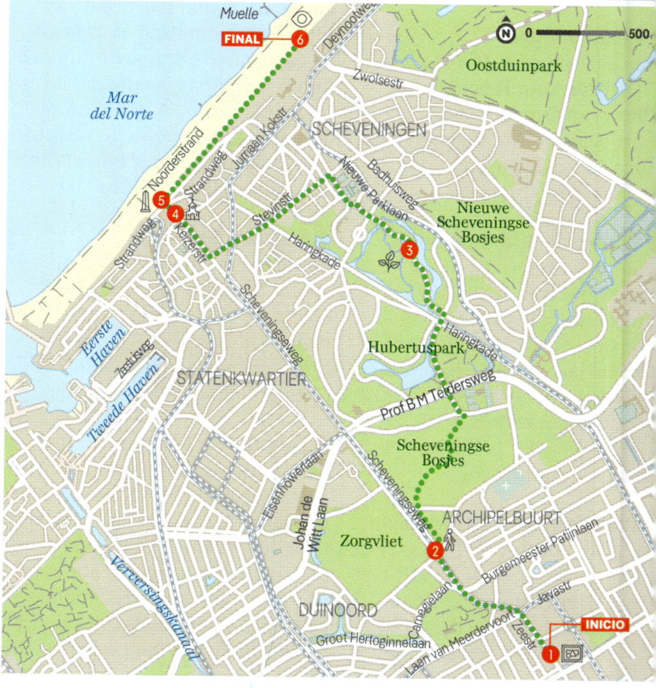

Pintura panorámica

'anorama Mesdag *(panorama sdag.nl; adultos/niños 16/12 €),* :ado los lunes, es una inmensa tura de 360°, 14 m de altura y m de perímetro que inmortali- :l pueblo pesquero de Scheve- gen tal cual era en 1881, entre el r y las dunas; obra de Hendrik lem Mesdag, miembro de la uela de La Haya (influida por mpresionismo), crea la ilusión contemplar la escena desde una ıa gracias a una plataforma vada.

Parque boscoso

/a al noroeste por Zeestraat cheveningseweg; después del acio de la Paz, un busto de bron- lel poeta Constantijn Huygens ala la entrada al **Scheveningse sjes,** espacio con dunas repleto ardillas donde se plantaron les, olmos y álamos en el s. XVIII orecen campanillas de invierno, laleras y jacintos de los bosques primavera.

Rosaleda

ıs salir del Scheveningse Bosjes · el norte y cruzar el puente ıtonal Cremerbrug se ve el numento de 1953 al líder del tido Socialdemócrata de los ıbajadores Pieter Jelles Troelstra 60-1930), lugar de celebración Día del Trabajo (1 de mayo). se está en el **Westbroekpark,** rque de estilo inglés de los años nte donde, de junio a noviem- :, florecen 20 000 rosas de 300 variedades; también destacan esculturas como *El gato con botas* (1943), en bronce, del artista local Johan Keller (1863-1944).

4 Iglesia de los marineros

Kapelweg conduce a Scheveningen, la, en su tiempo, aldea de pescadores que protagoniza el Panorama Mesdag. La estructura más antigua aún en pie es la **Oude Kerk Scheveningen** *(oudekerkscheveningen.nl),* iglesia de 1466 cuyo techo interior se asemeja al casco de un barco volcado; también tiene un vitral con un navío de velas rojas y una mandíbula de ballena del s. XVII.

5 Legado pesquero

Por el Keizerstraat se alcanza el paseo marítimo y la playa, donde Gerard Bakker instaló en 1982 la conmovedora escultura de bronce **'Vissersvrouw van Scheveningen'** (Esposa del pescador) que contempla el mar. Pocos pasos al norte el VissersNamenMonument (2013), obra de granito y hormigón de Marcel van Zijp, recuerda los nombres de 1366 pescadores ahogados.

6 Muelle de ocio

Al noreste se halla **De Pier** *(pier.nl),* muelle de 382 m de longitud construido en 1961 para sustituir al de 1901 que fue borrado del mapa en la II Guerra Mundial; hay una noria, *puenting,* una tirolina, un salón recreativo con máquinas de *pinball* y restaurantes.

EXPERIENCIAS

Visitar el primer museo del país

GALERÍA

PLANO: 1 P. 112 B4

La **Galerij Prins Willem V** *(mauritshuis.nl; adultos/niños 5,50 €/gratis)* fue el primer museo público de los Países Bajos cuando se inauguró en 1774 para exhibir la colección de arte de Guillermo V. Después de que los invasores franceses 'adquirieran' muchas de sus obras en 1794, la galería se cerró y no volvió a reabrir como tal en la misma ubicación hasta el 2010.

Hoy, su interior restaurado y embellecido con revestimientos de seda y lámparas de araña aloja más de 150 cuadros de grandes maestros (Bloemaert, Potter, Rubens, Steen, etc.) tomados de la colección de la Mauritshuis y colgados unos junto a otros como era costumbre a finales del s. XVIII. Quien visite la **Mauritshuis** (p. 114) tendrá acceso a esta otra galería; si no, se puede comprar una entrada específica *in situ* (no va por franjas horarias).

Osar entrar en una cárcel medieval

MUSEO

PLANO: 2 P. 112 B4

La Gevangenpoort, vestigio de las fortificaciones del s. XIII, fue cárcel de 1428 a 1825; ahora evoca como el **Rijksmuseum de Gevangenpoort** *(gevangenpoort.nl; adultos/niños 15/7,50 €)* las experiencias de reos y carceleros.

Se puede explorar el escalofriante edificio con una audioguía (incl.) u optar por una visita guiada de 45 min *(5 € extra; en inglés 13.0... sa-do)* en la que se ilustran vívidamente los crímenes y castigos del medievo. Hay audioguías interactivas para niños mayores, pero no es recomendable que entren menores de 8 años debido a que exponen espantosos instrumentos de tortura.

Se aconseja, sobre todo para fines de semana y períodos vacacionales, reservar en línea las entradas (limitadas por franjas horarias). El museo comparte acceso con la adyacente **Galerij Prins Willem V.**

Subir a una torre construida hace 600 años

IGLESIA Y TO...

PLANO: 3 P. 112 B4

La emblemática **Grote Kerk** o **Sint-Jacobskerk** *(Iglesia Grande o de San Jaime; grote-kerk.nl; adultos/niños 3 €/gratis)* es una de las estructuras más antiguas de La Haya: en 1256 se erigió una capilla de madera y en 1335 se inició la construcción del templo de piedra, que se amplió hasta su tamaño actual en el s. XV; el púlpito de madera labrada es del s. XVI. Su torre hexagonal, **De Haagse Toren,** se completó en 1424 y tiene un carillón con 51 campanas a 80 m de altura que funciona *(12.00-13.00 lu, mi y vi)*. A menos que esté presente la familia real, la iglesia ya no celebra misas, pero abre para visitas *(12.00-16.00 ju-*

-oct, sa-do nov-feb;* entrada a
enta *in situ*) y para conciertos,
tales de órgano y exposiciones
ırte (programación en línea).
ıscender los 288 escalones brin-
ınas magníficas vistas como
ompensa. Es posible reservar
visita guiada de 1 h a la torre
*aagsetoren.nl; adultos/niños
)/6,50 €; en inglés 13.00 ju-do
ano, sa-do resto del año).*

mirar un rascacielos que
ca Nueva York ARQUITECTURA

IO: 6 P. 112 **D6**

galardonado rascacielos **Haagse
en** (*haagsetoren.nl*), que
nparte nombre con la torre de
Grote Kerk levantada hace seis
os, se completó en Rijswijkse-
in en el 2007; visible desde toda
ciudad, se conoce como Het
ijkijzer ("La Plancha") porque
arquitecto, Paul Bontenbal, se
piró en el edificio neoyorquino
1902 apodado igual (Flatiron).
Esta estructura de 132 m tiene
cinas y viviendas, así como un
panorámico y una plataforma
observación en la planta 42.

rcar olas en
heveningen DEPORTES ACUÁTICOS

barrio costero de **Scheveningen**
NO: 7 P. 113 **B1**) goza de populari-
l por su playa de arena dorada
4,5 km de longitud y 110 m de
chura media y oferta de deportes
ıáticos.

En el muelle, **Surf's Cool**
ANO: 8 P. 113 **B1**; *surfscool.nl*) ofrece
clases de surf de 2 h para adultos *(39,50 €)* y niños *(25 €)*, así como de surf de remo de 1½ h *(35 €)*.

Quien tenga un buen nivel puede acudir a **Hart Beach** (PLANO: 9 P. 113 **A3**; *hartbeach.nl*), donde alquilan tablas para distintas modalidades de surf *(desde 10 €/h)*, junto con botines, gorros, guantes y trajes de neopreno, además de monopatines.

PARLAMENTO EN RENOVACIÓN

En otoño del 2021 se inició la renovación de uno de los parlamentos más antiguos del mundo: el **Binnenhof** (PLANO: 4 P. 112 **C4**; patio interior), monumental edificio con 4000 habitaciones y 90 000 m² frente al lago **Hofvijver** (PLANO: 5 P. 112 **C3**) que acoge las dos cámaras de los Estados Generales. Se estructura en torno a un patio central donde antaño tenían lugar ejecuciones; su ceremonial Ridderzaal (sala de los Caballeros) es del s. XIII. El complejo estaba peor de lo esperado, por lo que los costes y requisitos de seguridad (un búnker fortificado para operaciones logísticas incl.) han alcanzado los 2000 millones de euros, cuadruplicando el presupuesto inicial y teniendo que aplazar la finalización de las obras hasta finales del 2028. Mientras tanto, un edificio de Bezuidenhoutseweg hace de sustituto.

En Vissershavenweg hay una **escuela de 'kitesurf'** (PLANO: 10 P. 113 A3; *kitesurfschool.nl*) que ofrece cursos para principiantes de 3½ h *(110 €)* o de varios días *(desde 389 €)*.

Descubrir el movimiento De Stijl MUSEOS

Una geométrica joya *art déco* de 1935 diseñada por H. P. Berlage es la sede del **Kunstmuseum Den Haag** (PLANO: 11 P. 113 B5; *kunstmuseum.nl; adultos/niños 19 €/gratis*), espacio centrado en las bellas artes, las artes aplicadas y la moda. Su exposición permanente insignia, "Mondrian & De Stijl", muestra la mayor colección mundial de cuadros de Piet Mondrian, incluido el inacabado *Victory Boogie Woogie* (1942-1944). Otras exhibiciones fijas son "Discover the Modern", que incluye el precioso *Retrato de Edith* (1915) del austríaco Egon Schiele junto a obras a caballo entre los ss. XIX y XX de artistas como Van Gogh, Kandinsky, Monet y Picasso; y "Delftware WonderWare", que abarca una ampli colección de cerámica de Delft. muestras temporales también s excelentes. Hay actividades para niños pequeños y una interactiv ("Wonderkamers") que los mayo de 9 años adoran. Cierra los lun

La contigua **ala Schamhart,** construida en 1962 y bautizada como su arquitecto Sjoerd Schamhart, contiene el museo de fotografía **Fotomuseum Den Haag** (PLANO: 12 P. 113 B5; *fotomuseudenhaag.nl*) y el museo de arte contemporáneo **KM21** (PLANO: 13 P. 113 B5; *km21.nl*). Esta ala también cierra los lunes y tiene una entra aparte *(adultos/niños 14 €/grati*. pese a su afiliación con el vecino Kunstmuseum, no existe un pas combinado.

Explorar el Palacio de la Paz EDIFICIO DESTAC

PLANO: 14 P. 113 D6

Sede del Tribunal Permanente d Arbitraje y del Tribunal Interna-

FAMILIA REAL NEERLANDESA

Monarquía constitucional desde 1814, la dinastía de Orange-Nassau *(royal-house.nl)* reina en los Países Bajos desde el s. XVI, cuando Felipe II de España nombró estatúder (gobernador y comandante en jefe) a Guillermo e Taciturno. En la actualidad, la casa real desempeña un papel principalmente ceremonial, sin apenas poder ejecutivo alguno. Tras haber vivido en el exilio durante la II Guerra Mundial, la reina Guillermina abdicó en su hija Juliana, qui a su vez hizo lo propio con su hija Beatriz en 1980, y esta en el 2013 en su hijo Guillermo Alejandro y la reina consorte Máxima, poniendo fin a más de un sig de reinas. Aunque, si todo sigue por sus cauces normales, Catalina Amalia, la mayor de sus tres hijas, le sucederá en el trono.

ıal de Justicia, el **Vredespaleis** *lacio de la Paz; vredespaleis.* ocupa un majestuoso edificio ıado por el magnate estadouni- ıse Andrew Carnegie; en 1907 :olocó la primera piedra y en 3 se inauguró. En el centro de tantes facilitan una audioguía tis de 30 min *(mi-do)* que deta- la historia del palacio y de las tituciones que acoge.

ie aconseja reservar en línea las tas guiadas de 1 h con hasta dos ıanas de antelación: "Inside the ace" *(16,50 €)* permite entrar el Gran Salón de Justicia, el ıueño Salón de Justicia y la Sala onesa, mientras que "Outside Palace" *(12,50 €)* da acceso erreno exterior y el histórico dín cuyas esculturas incluyen ı de Erasmo realizada en bronce ˈedra por Hildo Krop en 1913. ˌos visitantes deben identificar- vale el carné de conducir de la) y depositar las pertenencias éfonos y cámaras incl.) en las ısignas.

Frente al edificio se instaló en el)2 la simbólica Wereldvredes- m (Llama de la Paz Mundial), leada de piedras procedentes de ados miembro de la ONU como gmentos del Muro de Berlín ɔcas de la isla Robben donde uvo preso Nelson Mandela.

irse público

ESPECTÁCULOS EN DIRECTO

complejo cultural **Amare** (PLANO: P. 112 **D4**; *amare.nl*), de 54 000 m², fue diseñado por Patrick Fransen (del estudio NOAHH) y Jo Coenen (del estudio JCAU) e inaugurado en el 2021. Tras su fachada inspirada en un telón se ocultan las salas de conciertos (1500 asientos), de teatro (1300 asientos), del conservatorio (300 asientos) y de ensayos (200 asientos), donde actúan la Nederlands Dans Theater (Compañía de Teatro y Danza de los Países Bajos; NDT), el Koninklijk Conservatorium (Conservatorio Real) y la Residentie Orkest (Orquesta Filarmónica). Los espacios públicos acogen eventos gratis. A principios de septiembre, el Spotlight Festival marca el comienzo del calendario cultural.

El hermoso **Koninklijke Schouwburg** (Teatro Real; PLANO: 16 P. 112 **C3**), usado como teatro con aforo para 680 asistentes desde 1804, fue proyectado en 1776 por Pieter de Swart en estilo Luis XVI como palacio para el príncipe Carlos Cristián de Nassau-Weilburg (cuñado del estatúder Guillermo V). La programación del Het Nationale Theater (Teatro Nacional; *hnt.nl*) incluye funciones en inglés y otras aptas para quienes no hablan neerlandés.

Paard (PLANO: 17 P. 112 **B5**; *paard.nl*), con dos escenarios y un café (donde caben, respectivamente, 1100, 300 y 200 personas), es el recinto más grande, electrizante y ecléctico de La Haya para disfrutar de conciertos (*rock,* pop, *jazz,* folk, afro...), fiestas y otros eventos.

Recorrer el país en miniatura

PARQUE TEMÁTICO

PLANO: 18 P. 113 **D4**

Junto al boscoso Scheveningse Bosjes, el **Madurodam** *(madurodam.nl; desde 22,50 €)* alberga réplicas a escala 1:25 de puntos de interés de los Países Bajos como el aeropuerto de Ámsterdam-Schiphol, molinos de viento, campos de tulipanes, el puerto de Róterdam, estaciones ferroviarias, defensas del Plan Delta, etc. El nivel de detalle y el realismo de aviones, barcos y otras partes móviles resulta asombroso.

El paseo entre estas miniaturas dura 1 h. A los niños les encantan las exposiciones interactivas (sobre la generación de energía eólica, la construcción de diques y la gestión de puertos) y las zonas de juego, incluida una cubierta acerca de los pintores del Siglo de Oro neerlandés. También hay restaurantes como el Panorama Café, con vistas al parque. La entrada sale más barata en línea.

Catar 'jenever' en una destilería histórica

MU

PLANO: 19 P. 112 **B6**

En La Haya, otrora centro de pr ducción de *jenever* (ginebra nee landesa), solo queda una destile **Van Kleef** *(museumvankleef.nl,* fundada en 1842. Su emplazami to original acoge un museo grati (cerrado los lunes) en que se exl ben barriles, calderas de vapor y alambiques de cobre, así como u coqueta tienda que vende *jeneve* y *korenwijn* (*jenever* especial) de la casa en tradicionales botellas gres, y otros licores; el exuberan jardín "secreto" donde antes est la planta de destilación tiene bo degas debajo. Los fines de sema se ofrecen visitas guiadas con degustaciones *(1½ h; 26,50 €)* o cócteles *(1¾ h; 32,50 €)* acompañadas de tentempiés; se aconsej reservar en línea.

o mejor para...

conómico €€ Medio €€€ Alto

Localizaciones en el plano de la p. 112

omer

stelerías

rtine €
P. 113 D6
accia, pan de masa dre, cruasanes, *ffins* de cardamomo y as delicias, además de *nch* a cualquier hora. *0-16.00*

a Tarte €
P. 112 A4
wnies, muffins, pas-es, galletas, panes de as y tartas dulces con redientes veganos, sin ten y, a menudo, sin car. *12.00-17.00 vi-do, rra ago*

ener Konditorei €
P. 112 D3
fetería y repostería nesa de 1934 con sicos austríacos como ta Sacher, *topfentorte* harina de almendra, un aldrado *apfelstrudel*, cremoso *cremeschni-* y berlinesas rellenas mermelada. *9.00-17.00 -sa, desde 10.00 do*

Restaurantes holandeses

Dungelmann €
23 P. 112 C4
Las *kroketten* (croquetas) y *gehaktballen* (albóndigas) más famosas de La Haya desde 1861, a modo de bocadillo. *9.30-18.00 ma-mi y vi-sa, hasta 21.00 ju, 11.30-18.00 do-lu*

Oma Toos €
24 P. 113 A4
Local diáfano en el puerto de Scheveningen cuyas recetas de la *oma* (abuela) incluyen *pannenkoeken* (tortitas), *poffertjes* (minitortitas) y *stamppot* (salchicha con puré de verduras). *10.30-20.30*

Basaal €€
25 P. 112 D5
Restaurante y enoteca de estilo moderno con un horno de leña cuyos platos cambian semanalmente. *17.30-22.30 vi-sa y lu, desde 12.00 do*

Marisquerías

Simonis in de Stad €
26 P. 112 C5
Pescadero de cuarta generación que vende arenque amarinado, anguila ahumada, gambas y *kibbeling* (trocitos de pescado blanco rebozado) para llevar y ha montado un restaurante arriba. *9.00-18.30 lu-sa, desde 12.00 do*

Bar 19 €€
27 P. 112 D3
Mejillones y ostras del mar de Frisia junto con langosta, langostinos y pescado a la parrilla en una sala desnivelada y una terraza a la sombra. *11.00-15.00 y 17.00-22.00 ma-do*

Wowcrab €€
28 P. 112 B5
Local donde aderezan con salsa picante bueyes de mar, cangrejos de las nieves, camarones tigre, langostas, almejas y mejillones (se proporcionan guantes y tenazas). *12.00-23.00*

Simonis aan de Haven €€
29 P. 113 A3
Restaurante en el puerto de Scheveningen con flota propia y bandejas rebosantes de delicias de mar o recetas tipo bullabesa. *10.00-20.00*

Restaurantes indonesios

Garuda by Ron Gastrobar €€

30 P. 112 B3

Restaurante de cuatro plantas con cocina a la vista en la inferior y coctelería en la superior que sirve comida callejera indonesia contemporánea como *tempeh* a la cúrcuma en tempura y panceta de cerdo con costra de cacahuete. *17.00-22.00 ma-do, también 12.00-15.00 ju-do*

Istana €€

31 P. 112 C5

Rijsttafels ("mesas de arroz", es decir, banquetes indonesios) a base de carne, pescado y muchos platillos de complemento que se degustan entre murales de la jungla, farolillos de ratán y bambú, palmeras y otras plantas tropicales. *12.00-21.30 lu-sa, 16.00-22.00 do*

Waroeng Padang Lapek €€

32 P. 112 B5

Especialidades de Sumatra que incluyen platos especiados con jengibre, limoncillo, ajo o chile y postres que suavizan el picante como *cendol* (*pandano,* leche de coco y azúcar de palma con hielo). *12.00-21.00 ma-do*

Cafés y 'brasseries'

Onder de Watertoren €

33 P. 113 D1

Tortitas, hamburguesas y helados para saborear en mesas bajo parasoles a los pies de una torre de agua de 1874 o llevar a la playa. *9.30-atardecer mar-oct, solo fin de semana nov-feb*

Zebedeüs €€

34 P. 112 B4

Restaurante al lado de la Grote Kerk con una terraza a la sombra de los castaños; de día sirven tostadas, sopas, sándwiches y zumos, y de noche, platos más elaborados. *12.00-16.00 y 17.30-21.30*

Walter Benedict €€

35 P. 112 C2

Bocadillos, tentempiés y *brunch* todo el día; para cenar hay exquisiteces como vieiras con hinojo marino y manzana encurtida o apio nabo asado con crema de almendras y puré de garrofón. *9.00-23.00*

Restaurantes sostenibles

Oogst €€

36 P. 112 C2

Menús de cuatro, cinco y seis platos con hierbas y hortalizas como protagonistas, como el pastel de queso (elaborado con anacardos) de colmen y trufa negra con espu de ajo silvestre. *18.00-20.30 ma-sa*

Botanica €€

37 P. 112 B3

Frutas y verduras de origen local que se preparan en la cocina vista de este restaurar con plantas de interior mariposas en el techo y un patio ajardinado. *10.30-14.00 y 17.30-22.3*

Triptyque €€€

38 P. 112 B6

Restaurante con estrel verde Michelin de Nive Kunz donde el 80% de los platos son vegetari nos. *12.00-15.30 mi-sa, también 18.00-20.30 ju*

Calla's €€€

39 P. 112 C1

Único restaurante de L Haya con estrella Mich lin, que usa ingredient de la granja ecológica Laantje Voorham en re nados menús fijos o a l carta. *18.30-20.30 ma-s también 12.00-14.00 m*

Restaurantes contemporáneos

Tommy's & Zuurveen €€

40 P. 112 A3

Tostadas *gourmet* (con una con huevo de cod niz escalfado y erizo de mar) para almorzar y platos con combina-

ıes sorprendentes
no cuello de cerdo
espino amarillo) para
ar. *11.00-22.00*

xels € €

P. 112 B2
ıante establecimiento
adrillo visto y madera
nizada con una terraza
a de plantas bajo
echo de cristal; sus
puestas incluyen
nplings de anguila
mada y sándwiches
pollo *katsu*. *17.00-*
0 do-ju, hasta 23.00
a

Basiliek € €

P. 112 D4
nús de temporada de
re dos y cinco platos
maridaje de vinos
una sala oscura con
brido arte moderno.
0-15.00 y 17.30-22.00
a

eber

ne Bars

uzy

P. 112 C1
esquinero en la
liciosa Denneweg
e ofrece 300 vinos y
s de 60 espumosos
uchos servidos por
pa), junto con *flammku-*
en (*pizza* alsaciana)
y otros tentempiés.
15.00-23.00 lu-sa, hasta
20.00 do

De Filosoof

44 P. 112 B4
Íntimo bar que propone vinos de Georgia, Azerbaiyán, Moldavia y Armenia, y platillos persas como *ashak* con puerro y *mantu* con ternera y cebolla. *17.00-23.00 ma-ju, desde 15.00 vi-sa*

Jazz

45 P. 112 A3
Cafetería diurna y enoteca nocturna con *jazz* en directo (ju y do) y vinos europeos. *8.00-18.00 mi, hasta 23.00 ju-vi, hasta 20.00 sa-do*

Coctelerías

Gold Bar

46 P. 112 B3
"Bar clandestino" como los de la época de la Ley Seca, accesible por una escalera secreta desde el vestíbulo del Hotel Indigo y ubicado en una antigua cámara acorazada para reservas de oro. Cócteles temáticos a base de *jenever* y ginebra. *17.00-24.00 mi-sa*

VaVoom!

47 P. 112 B5
Bar *tiki* en una zona fiestera que usa 85 rones distintos en combinados como el Jungle Jetsetter (con licor de cereza y zumo de piña). *16.00-1.00 lu-vi, desde 14.00 sa-do*

Bleyenberg

48 P. 112 B5
Recinto de cinco plantas que incluye un bar de azotea con vistas a Grote Markt y sesiones de DJ (vi-sa) y un karaoke en el sótano donde sirven cócteles de temporada. *17.00-1.00 mi-sa*

Zeezicht

49 P. 113 C1
Club de playa frente al muelle de Scheveningen con tumbonas de ratán, braseros sobre las mesas y una extensa carta de cócteles tropicales como el Scheveningen Sunset (ron blanco, curazao y sirope de fresa). *10.00-2.30*

Cervecerías

Rootz

50 P. 112 B5
Antigua cochera de madera y ladrillo iluminada con candelabros y una gran terraza veraniega en Grote Markt; tiene más de 300 cervezas (20 de barril). *10.00-24.00 do-mi, hasta 1.00 ju, hasta 2.00 vi-sa*

De Paas

51 P. 112 C5
Vasta selección de cervezas neerlandesas, belgas e internacionales

(13 inusuales de barril incl.) y una terraza flotante abierta en verano. *15.00-24.00 lu-vi, desde 14.00 sa-do*

De Zwarte Ruiter

52 P. 112 B5

El "Jinete Negro", en Grote Markt, es muy popular por la terraza climatizada, enorme interior y noches de música en directo (vi-sa). *11.00-1.00 do-mi, hasta 2.00 ju-sa*

Café De Oude Mol

53 P. 112 B4

Pub tras una puerta cubierta de hiedra que ejemplifica la cualidad neerlandesa de la *gezelligheid* (vida social), con conciertos de *rock* (lu). *17.00-1.00 lu-ju, 16.00-2.00 vi-sa, 16.00-1.00 do*

Cafeterías

Lola Bikes & Coffee

54 P. 112 A3

Taller de bicis y café donde sirven excelentes infusiones y pasteles a una clientela fiel; hay un jardín trasero y un club ciclista abierto a nuevos socios. *10.00-18.00 lu-vi, desde 8.30 sa-do*

Ief & Ido

55 P. 112 A6

Granos tostados *in situ* que se usan en cafeteras exprés o V60, con dos opciones de origen único cada día. *10.00-17.30 mi-vi, hasta 17.00 sa-do*

Tigershark Coffee

56 P. 113 B3

Local de Scheveningen en manos de surfistas (como atestiguan las revistas) que emplea granos tostados en el país para preparar *espresso tonic, iced latte* y otras bebidas con café acompañadas de *crumble* de pera y cardamomo o tarta de chocolate y manzana vegana. *8.30-15.00 lu-vi, 9.00-16.00 sa-do*

Comprar

Librerías

Bookstor

57 P. 112 B3

Popular híbrido de café y librería de segunda mano en la zona comercial de Noordeinde, con ajedreces, estanterías llenas, un jardín trasero y mesas a pie de calle. *8.00-20.00*

Boekhandel Douwes

58 P. 112 D3

Dos plantas con varias secciones, incluida la de viajes Stanley & Livingstone. *12.00-18.00 lu, desde 9.00 ma-vi, 10.00-17.00 sa*

Mayflower

59 P. 112 C4

Librería inglesa replet de títulos nuevos, usados y antiguos cuy experto personal ayuc a orientarse entre tant estanterías. *12.00-18.C lu, desde 10.00 ma-sa, 12.00-17.00 do*

Mercados

Borenmarkt

60 P. 112 C2

Mercado de granjeros Lange Voorhout dond comprar frutas, verdur y hierbas de temporac quesos nacionales, pan recién horneado, pescado, carne roja y blanca, y condimentos como salsas y ferment *10.00-18.00 mi may-m sep*

Haagse Antiek en Boekenmarkt

61 P. 112 C2

Sofisticado mercadillo en Lange Voorhout con 50 vendedores de antigüedades, joyas, mobiliario, arte, cerám y libros junto a puesto de comida. *10.00-17.00 y do may-med sep*

De Royal Christmas Fair

62 P. 112 C3

Mercado navideño en Lange Voorhout con lu citas y un centenar de

stos de chocolate y
caliente o recuerdos
no cerámica de Delft,
as y tallas de madera;
bién hay coros y
sicos callejeros. *12.00-
0 dic*

Haagse Markt

P. 112 B6

mayor mercado al
libre de los Países
os (1300 m²) tiene
0 puestos que venden
sde productos frescos,
a y tejidos hasta
rroquinería y comida
lejera. *9.00-17.00 lu,
vi y sa*

ndas 'vintage'

a

P. 113 D5

lección (cambia cada
mana) de prendas
neninas (de marcas
mo Sandro, Filippa K,
rberry e Isabel Marant),
biliario, cristalería
tensilios de cocina.
*0-17.00 mi-vi, desde
00 sa*

Square Eight

65 P. 112 B5

Ropa y calzado *vintage* para *skaters* como zapatillas Vans, camisetas Santa Cruz, sudaderas Powell Peralta, etc. *12.00-17.00 do-lu, 10.00-18.00 ma-sa*

Second Best Selected Treasures

66 P. 112 A4

Prendas, calzado y accesorios de segunda mano (de los años ochenta en adelante) para hombres, mujeres y niños. *12.00-17.30 ma-vi, hasta 17.00 sa, 13.00-17.00 do*

★ MERECE LA PENA

Kinderdijk

Este hermoso pueblo en un paraje pantanoso 15 km al sureste de Róterdam está presidido por 19 molinos históricos que aún funcionan. En verano, altos juncos bordean canales donde flotan nenúfares y el canto de los pájaros rompe el silencio.

CÓMO LLEGAR
Desde el puente Erasmusbrug, el autobús acuático n° 21 va directo a Kinderdijk *(40 min)*, pero también se puede tomar el n° 20 y hacer transbordo en Ridderkerk; en waterbus.nl figuran los horarios. En bicicleta se tarda 1 h.

Escanea este código QR para información práctica.

Historia

El topónimo Kinderdijk deriva de la trágica inundación acaecida el día de Santa Isabel de 142 cuando una tormenta arrastró a un *kind* (niño) en la cuna hasta el *dijk* (dique); desde entonces, no se han escatimado esfuerzos en la zona para ganar terreno al agua. Aquí hay importantes tipos de molinos de viento como de poste hueco y de tapa giratoria, estos últimos entre los más altos del país, que aprovechaban mejor el viento. Kinderdijk fue declarado Patrimonio Mundial por la Unesco en 1997.

Puntos de interés y actividades

La zona de Kinderdijk *(adultos/niños desde 18/6,50 €, entrada combinada con el autobús acuático desde 18/10,25 €)* abarca dos canales flanqueados por un sendero para caminantes y ciclistas y 19 molinos tradicionales; la mayoría de ellos son residencias, pero hay dos –el Nederwaard (1738) y el Blokweer (1630)– convertidos en museos que ilustran la vida de las familias de molineros. A bordo de la restaurada barcaza *Alles Heeft een Tij* (1914), amarrada fuera, se proyectan cortos sobre la citada inundación, el sistema de pólderes y la gestión climática.

La estación de bombeo Wisboom (1868), alimentada con vapor y, desde 1924, con electricidad, acoge el centro de visitantes, donde hay una

LEOKS/SHUTTERSTOCK ©

ıqueta de la sala de máquinas. En la estación de mbeo secundaria De Fabriek se puede ver un leo sobre su historia, mientras que el Vogelthea- · (teatro de Pájaros) introduce a la avifauna local.

Es fácil completar el circuito a pie o en bici 7 km llanos). También se realizan rutas en barco: a fija (Hopper) y una de 30 min en verano ruiser); con suerte, se verán girar aspas. La en- ıda incluye todas las actividades, y la *app* gratis nderdijk contiene audioguías.

La primera semana completa de septiembre ne lugar la Illumination Week, cuando los moli- s de viento se iluminan con focos al atardecer.

daleo

puede transportar una bici gratis en el autobús uático o alquilar una cerca de Kinderdijk. En la *p* hay rutas ciclistas, como la panorámica que sa ante varios molinos por la orilla sur del río k hasta Bergstoep.

UNA PAUSA

Hay una caseta de helados artesanales, un puesto de tentempiés y, en el centro de visitantes, un café con vistas a los molinos donde apetece beber o picar algo, sobre todo si hace bueno, en la terraza.

★ MERECE LA PENA

Gouda

Esta ciudad acoge cada jueves de primavera y verano un mercado dedicado al famoso queso epónimo junto a la históri *waag* (casa de pesaje). Otros alicientes de su casco antiguo con canales son la magnífica iglesia Sint-Janskerk, el excelent museo municipal y el gótico Stadhuis (ayuntamiento).

CÓMO LLEGAR
Gouda está 25 km al noreste de Róterdam (1½ h en bici). Hay trenes directos frecuentes desde las estaciones centrales de Róterdam *(21 min; desde 5,90 €)* y La Haya *(22 min; 6,70 €).*

Markt

Aunque jamás se ha producido queso en la propia Gouda, en el s. XII, y gracias a la industria láctea de alrededores, la ciudad se convirtió en un important centro comercial, adquiriendo la exclusividad de vender el queso del mismo nombre, lo que le otorga fama mundial.

En la plaza del mercado, con forma de cuña, hay voluntarios disfrazados que recrean la tradición de hacer llegar enormes ruedas de queso en carros tirados por caballos para descargarlas y pesarlas en históricas balanzas durante el **Gouda Kaasstad** *(10.00-12.30 ju abr-ago);* los puestos de comida típic y la música en directo rematan el espectáculo.

Hoy, la **Goudse Waag** *(goudsewaag.nl; adultos/niños 7,50 €/gratis),* casa de pesaje diseñada en 166 por Pieter Post, alberga un museo de queso y artesanía con audioguías sobre la historia del edificio y producción y comercialización de queso.

En el centro de la plaza se yergue el **Stadhuis** *(goudastadhuis.nl),* ayuntamiento de mediados del s. XV que evoca un castillo de fantasía. Esta estructu gótica de piedra arenisca atestigua la riqueza que acumuló Gouda con el comercio textil; sus bellas sa de ceremonias suelen acoger bodas, y de mediados diciembre a mediados de enero se instala una pista hielo a su alrededor *(goudseijsbaan.nl).*

Sint-Janskerk

Impresionante tanto por su tamaño (con 123 m, es la más larga del país) como por sus espléndidas

CELLI07/SHUTTERSTOCK ©

drieras, la **Sint-Janskerk** *(sintjan.com; adultos/ ños 11 €/gratis)* ha tenido un pasado bien acci- ntado: las versiones anteriores ardieron cada cien ios desde 1361 hasta mediados del s. XVI, cuando completó la actual. Una audioguía gratis informa bre sus 72 vitrales del lugar, el mayor conjunto del undo de su tipo del s. XVI. El templo abre de lunes sábado (y los domingos para misa); vale la pena nsultar el programa de conciertos.

useum Gouda

n hospital medieval es la sede del **museo munici- al** *(museumgouda.nl; adultos/niños 14,50 €/gratis)*, ıe exhibe artefactos y obras de arte que guardan lación con la ciudad y sus alrededores; hay muchos ojetos de cerámica vidriada *(Gouds plateel)*, una lección de cuadros de pintores de las escuelas de arbizon y La Haya (s. XIX), una réplica en miniatu- de Gouda en 1562, etc. También acoge muestras mporales. Cierra los lunes.

UNA PAUSA

Otra exquisitez de Gouda son los *stroopwafels* (gofres con sirope de caramelo), como puede verse en Markt; **Kamphuisen Siroopwafels** *(siroopwafelfabriek.nl; visita guiada de 45 min desde 11,50 €)*, fábrica fundada en 1810, los vende recién hechos en su tienda adyacente.

★ MERECE LA PENA

Leiden y Bollenstreek

Famosa por ser la cuna de Rembrandt, Leiden ofrece canales, edificios del s. XVII, la universidad más antigua y prestigiosa de los Países Bajos y varios museos a tiro de piedra entre sí, además de acceso a las dunas y los campos de bulbos de Bollenstreek.

CÓMO LLEGAR
Leiden está 36 km al norte de Róterdam *(37 min en tren; 8,70 €)*, 25 km al norte de Delft *(24 min; 5,90 €)* y 19 km al norte de La Haya *(16 min; 4,10 €)*, con servicios directos frecuentes.

Admirar arte espléndido

El principal museo dedicado a las bellas artes, la historia y la artesanía de la ciudad, el sobresaliente **Museum De Lakenhal** *(lakenhal.nl; adultos/niños 16 €/gratis)*, cerrado los lunes, ocupa una antigua lonja de paños de 1640. Su colección incluye obras maestras como *Vendedor ambulante de gafas*, de Rembrandt; *Astrónomo*, de Gerrit Dou (primer discípulo de Rembrandt); *Pareja que juega*, de Jan Steen; y *El Juicio Final*, de Lucas van Leyden. Al lado, un flamante edificio acoge muestras temporales.

Visitar museos instructivos

Bautizado así en memoria del médico, botánico, químico y catedrático de la Universidad de Leiden Herman Boerhaave (1668-1738), el impresionante museo de ciencia y medicina **Rijksmuseum Boerhaave** *(rijksmuseumboerhaave.nl; adultos/niños 15/5,50 €)* ilustra los grandes descubrimientos realizados en los Países Bajos. Su sede es un convento del s. XV que se convirtió en el primer hospital académico del norte de Europa (la introducción multimedia se presenta en un recreado anfiteatro anatómico).

El **Rijksmuseum van Oudheden** *(Museo Nacional de Antigüedades; adultos/niños 14 €/gratis)* que exhibe piezas griegas, etruscas, romanas y egipcias, es especialmente célebre por sus piezas

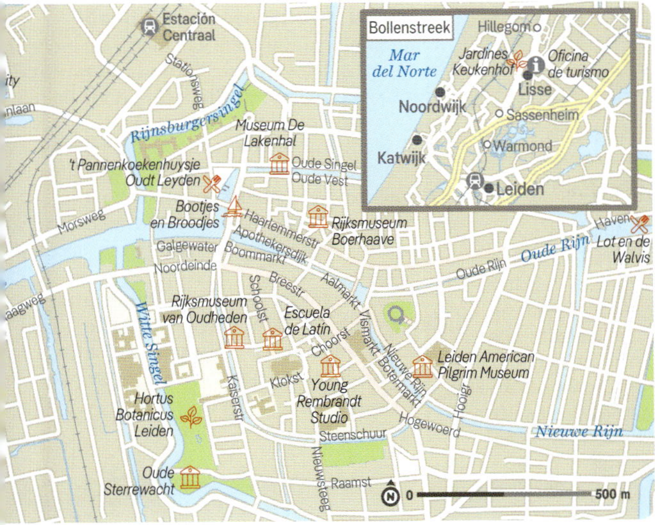

el Antiguo Egipto como el reconstruido templo e Taffeh, mastabas de Saqqara y sarcófagos.

El instituto de investigación **Naturalis Biodiersity Centre** *(naturalis.nl; 17 €)*, que incluye n esqueleto de T-Rex (Trix), tiene secciones edicadas a la botánica, la geología, la entomoloía, los animales vertebrados e invertebrados, y la aleontología (fósiles), con especímenes encontraos por exploradores, arqueólogos y científicos en odo el mundo.

Fundado por la universidad en 1590, el "museo ivo" **Hortus Botanicus Leiden** *(hortusleiden.l; 9 €)* es uno de los jardines botánicos más ntiguos de Europa. La mayoría de las plantas rovienen del este y el sureste asiáticos, incluidas as orquídeas de sus invernaderos tropicales. La ntrada suele incluir acceso a las exposiciones del **Oude Sterrewacht** (antiguo observatorio; 1633). e ofrecen circuitos de 1 h *(5 €; mi-do)*.

UNA PAUSA
El **Lot en de Walvis** *(lotendewalvis.nl)* tiene una terraza junto al agua, mientras que el **Oudt Leyden** *(oudtleyden.nl)* ofrece enormes tortitas neerlandesas en platos de cerámica azul y blanca.

JARDINES KEUKENHOF

De mediados de marzo a mediados de mayo, el **Keukenhof** *(keukenhof.nl)* emociona con la floración de siete millones de bulbos de 800 variedades. Las entradas, que incluyen el traslado en autobús especial desde Leiden, salen a la venta en otoño.

Descubrir los orígenes de Rembrandt

Rembrandt van Rijn, noveno hijo de un molinero nació en Leiden en 1606. El **Young Rembrandt Studio** *(gratis)*, cerrado los lunes, rinde homenaje al magistral pintor neerlandés en la casa del s. XVII (Langebrug 89) donde aprendió su arte hasta 1630 de manos de Jacob van Swanenburgh. La magia de la tecnología permite crear un retrato con su característico estilo; basta acercar el rostro a la cámara y elegir entre seis opciones *(impresión 10 €)*.

El estudio forma parte de la **Rembrandt Route** *(folleto 6,95 €)*, una caminata de 4,5 km que también pasa por la **Escuela de Latín** (construida en 1600) a la que asistió el joven pintor de 1616 a 1620.

BORIS STROUJKO/SHUTTERSTOCK ©

miliarizarse con la historia de los padres regrinos

1608, un grupo de protestantes calvinistas se paró de la Iglesia anglicana y huyó de su persecución en Nottinghamshire (Inglaterra). Primero garon a Ámsterdam, pero fue en Leiden donde contraron un ambiente más liberal gracias a la esencia de universitarios, fieles de ideología afín otros refugiados. Cuando Jacobo I de Inglaterra unció en 1618 que controlaría a los calvinistas de iden, estos se marcharon a Róterdam, adquirien el barco *Speedwell* y zarparon de Delfshaven . 76) rumbo a América.

El diminuto **Leiden American Pilgrim useum** *(leidenamericanpilgrimmuseum.org; lultos/niños 9,50/4,25 €),* abierto los jueves, ernes y sábados por la tarde, se trata de la scinante restauración de una casa ocupada en rno a 1610 por los futuros colonos; el edificio data 1365-1370 y conserva el embaldosado original, ero el mobiliario es del s. XVII. El museo cocreó la **ilgrim Route,** circuito a pie cuyo folleto *(6,95 €)* vende en la **oficina de turismo** situada frente a estación Centraal.

urcar vías acuáticas

nos 28 km de canales atravesados por 88 puentes rcan el centro de Leiden, por lo que explorar la udad desde el agua brinda una perspectiva única e su arquitectura histórica. Muchas compañías quilan embarcaciones; normalmente, caben seis ersonas y no se necesita licencia (se facilitan instrucciones y rutas). El precio parte de los 125 € por h. Se aconseja probar con **Bootjes en Broodjes** *ootjesenbroodjes.nl).*

Para quien prefiera relajarse con alguien al món, Bootjes en Broodjes ofrece circuitos guiados or los canales *(50 min adultos/niños 12,50/7,50 €)* n barcos eléctricos abiertos, con techo y calefacción en invierno.

UNIVERSIDAD DE LEIDEN

La **Universiteit Leiden** *(universiteitleiden.nl),* la institución de enseñanza superior más antigua del país, fue fundada por Guillermo el Taciturno en 1575 como agradecimiento a la ciudad por haber resistido a dos asedios españoles en 1573 y 1574. Por aquí han pasado profesores ilustres como Einstein y científicos cuyas colecciones han ayudado a establecer múltiples museos. Su diseminado campus mezcla edificios históricos y modernos.

CIRCUITO EN BICI

Bollenstreek: Bulbos en flor

Es una gran idea alquilar una bicicleta en Leiden y dedicar media jornada a esta espectacular ruta que atraviesa fragantes coloridos campos de bulbos donde florecen tulipanes, junquillo narcisos y jacintos (med mar-med may), así como dalias, astere y girasoles (med ago-med oct), antes de regresar por dunas costeras salpicadas de flores silvestres.

INICIO	FINAL	DURACIÓN
Molen De Valk (estación Centraal de Leiden)	Vlot Grand Café (estación Centraal de Leiden)	51 km; 4 h

Museo en un molino viento

emblemático molino de torre **olen De Valk** *(molenmuseum valk.nl; adultos/niños 6/3 €)*, de 43, es hoy un museo; su última olienda fue en la década de 1960.

Cultivo de flores

norte del lago Klinkenberger-as, donde se puede nadar en rano, se accede a los campos de lbos de Sassenheim, incluidos en ruta Bloemencorso (Desfile de ores) de 42 km (med abr). Justo norte, **De Tulperij** *(detulperij.nl; rcuitos de 1 h adultos/niños desde 95/4,50 €)* permite visitar la plan-ción, admirar el jardín expositivo recoger flores.

3 Catedral de Bollenstreek

n poco al noreste aguardan Lisse su preciosa **Sint-Agathakerk** *(willibrordusbollenstreek.nl)*, lesia de 1900 cofinanciada por oricultores locales, como atestigua ı decoración.

4 Museo sobre tulipanes

ısto al norte, en Heereweg, el **Iuseum de Zwarte Tulp** *(Museo el Tulipán Negro; museumdez wartetulp.nl; adultos/niños 10/5 €)* xhibe las míticas flores causantes e la tulipomanía en 1636.

5 Cobertizo de los tulipanes

e toma Stationweg al noreste ía el Kasteel Keukenhof –solo e puede visitar el bosque, los errenos y la galería de arte LAM *(lammuseum.nl; adultos/niños 7,50/5 €)*– y los jardines Keukenhof (p. 138) antes de pedalear entre campos de bulbos. **The Tulip Barn** *(thetulipbarn.com; 8,50/3,50 €)* cultiva más de 750 000 tulipanes de 175 variedades y tiene un restau-rante en un invernadero.

6 Experiencia de los tulipanes

Se va al noroeste hasta De Zilk y al suroeste por Zilkerbinnenweg para llegar a la **Tulip Experience** *(tulipexperienceamsterdam.nl; adultos/niños 11/6,50 €)*, con su jardín expositivo con un millón de tulipanes multicolor de 700 variedades, museo y cobertizo para recoger flores.

7 Plataforma de observación

Al sur por Delfweg y al noroeste por Houtvesterslaan se llega a la escalera de madera que sube 14 m hasta el **Uitkijkpunt Tespelduyn** *(tespelduyn.nl; gratis)*, mirador con La Haya en lontananza.

8 Alto final en un canal

Se va al norte hasta Ruigenhoek y al oeste por un bosque umbrío para internarse en el sistema de dunas de Noordduinen. Al bordear la cos-tera Strand Noordwijk hacia el sur se ven violetas, espinos amarillos con bayas naranjas y orquídeas pi-ramidales con flores rosas. En Ka-twijk aan Zee, se tuerce al sureste por Zeeweg y Provincialeweg para volver a Leiden y disfrutar de una cerveza en la terraza flotante de. **Vlot Grand Café** *(vlotleiden.nl)*.

Guía práctica

Markthal (p. 44).
CHRISTIAN MUELLER/SHUTTERSTOCK ©

Viajar en familia

Róterdam tiene un amplio abanico de actividades destinadas a familias con niños, incluidos parques con zonas recreativas, montones de museos idóneos para los peques y emocionantes trayectos en barco y tranvía.

Destino apto para niños

Toda la región es ideal para ir en familia. Junto a Róterdam (un zoo, un mundo en miniatura y un espacio de surf urbano incl.), es sencillo visitar antiguas ciudades de cuento de hadas, el parque temático de La Haya y áreas con molinos de viento y playas. La famosa tolerancia neerlandesa se extiende a los menores (y a sus padres), con quienes los lugareños se muestran de lo más hospitalarios.

EN BICICLETA

En los Países Bajos, los niños no se separan de las *fietsen* (bicis). La mayoría de los negocios de alquiler ofrecen remolques, sillitas y bicis infantiles, aunque no todos disponen de cascos (se recomienda llevarlo). En verano conviene reservar.

Turismo

Las ventajas económicas varían. Algunos museos son gratis hasta los 18 años, pero otros solo ofrecen acceso libre o con descuento a menores de 17, 12 o incluso menos; en algunos casos, solo están exentos de pagar los que no hayan cumplido los 4, 5 o 6 años. Las atracciones infantiles suelen tener un precio fijo. A veces se ofrecen ventajosas entradas familiares.

Alojamiento

Los hoteles casi siempre aceptan niños y facilitan camas supletorias (coste mínimo) y/o cunas (gratis).

Transporte público

Hasta los 4 años es gratis, y a los niños entre 4 y 11 años se les aplica una tarifa reducida.

Restaurantes

A excepción de los más formales, los peques son bienvenidos en todos los restaurantes. Suele haber un menú infantil con fritos. Muchos locales proporcionan tronas y lápices de colores. Los sitios de tortitas triunfan en todo el país.

PETER VANCO/SHUTTERSTOCK

Alojamiento

mo la oferta es limitada, lo mejor es reservar con bastante telación, sobre todo si el viaje es en temporada alta (abr-sep).

te gusta...

Atmósfera local y energía creativa

A tiro de piedra de la estación Centraal, **Noord 58)** se caracteriza por su ambiente animado, ecialmente en torno al viaducto Hofbogen, donde ndan los sitios para comer y beber (pero escasean a dormir).

Hoteles chic y vistas al agua

Los rascacielos de **Zuid (p. 84)** tientan con sus vistas, pero hay alternativas geniales, como la antigua sede de la Holland America Line y su otrora buque insignia.

Zonas tranquilas y otras peculiares

El inmenso **West (p. 68)** se extiende desde la céntrica y ajetreada Nieuwe Binnenweg hasta las arboladas calles residenciales del oeste, el bonito Delfshaven y las dos suites en lo alto de la torre Euromast.

Canales cautivadores y arquitectura histórica

A pocos minutos en tren de Róterdam, la encantadora **Delft (p. 96)** preserva el paisaje urbano que Vermeer inmortalizó en el s. XVII y luce mejor sin aglomeraciones al atardecer.

Edificios palaciegos y museos magníficos

Fácilmente accesible en tren desde Róterdam, **La Haya (p. 110)** es la sede de la familia real y del Gobierno, con un dinámico centro histórico, parques hermosos y la playa de arena de Scheveningen.

PRESCINDIBLE

Nos encanta...

Centrum (p. 32)

No sorprende que casi todos los alojamientos estén en esta parte de la iudad: el palpitante orazón de Róterdam puede presumir de nuseos de primera, actividades como cruceros y surf, la ayor concentración de restaurantes, bares, tiendas y ocales nocturnos, y na buena y accesi-le red de transporte emocionantes taxis acuáticos incl.).

CUÁNTO CUESTA

Albergue
desde 35 €

Hotel-*boutique* de precio medio
desde 120 €

Hotel de lujo céntrico
desde 200 €

Comida, bebida y fiesta

Alergias e intolerancias

En general, las personas con alergias o intolerancias alimentarias no tendrán problemas (excepto en restaurantes que propongan un menú sorpresa); siempre se recomienda informarse al reservar.

CÓMO DECIR...

Tengo alergia... *Ik ben allergisch voor...*
...a los cacahuetes *...pindas*
...a los frutos secos *...noten*
...al marisco *...zeevruchten*
...a los huevos *...eieren*
...a la leche *...melk*
...al gluten *...gluten*

?

CÓMO PREGUNTAR.
¿Es sin gluten?
Is dit glutenvrij?
¿Lleva frutos secos?
Zitten hier noten in
¿Hay alguna alternativa vegana?
Is er een veganistische optie?

'COFFEESHOPS' Y CAFETERÍAS

Es crucial conocer la diferencia entre *coffeeshop* (local donde se puede fuma marihuana), *koffiehuis* (bar especializado en café) y *café (pub)*. Un *coffeesho* puede servir café (nunca alcohol), pero su principal negocio es el cannabis y el hachís. En otros establecimientos está prohibido fumar (tabaco incl.).

Vegetarianos y veganos

En este país pionero, un cuarto de la oferta culinaria es verde. Las personas vegetarianas y veganas encontrarán opciones de todos los precios. Muchos cafés y restaurantes proponen exclusivamente este tipo de comida; en los demás, suele haber platos o menús vegetarianos (y veganos).

Cómo pagar la cuenta

En muchos establecimientos preguntan directame si se desea pagar por separado *(aparte rekening)* o todo junto *(één rekening)*; en el primer caso traerán cuenta ya dividida, lo que ayuda a ganar tiempo. Al terminar de comer, se puede decir: *"De rekening alstublieft"* ("La cuenta, por favor").

Dejar propina es habitual, pero no obligatorio; hay que comprobar si ya figura un cargo por servicio er cuenta. Es normal redondear al alza o dejar un 5% c montante (el 10% se considera generoso). Al pagar, hay que especificar el importe total con la propina incluida.

DESDE LA IZDA.: RTSTUDIO/SHUTTERSTOCK ©, GRAJA/SHUTTERSTOCK ©, ANDREI KUZMIK/SHUTTERSTC

PRECIOS

Los siguientes amos se refieren al coste medio de un plato principal.

€ hasta 12 €

€€ 12-25 €

€€€ desde 25 €

HORARIOS

Cafés y bares
Horario variable; en general, 12.00-1.00 do-ju, hasta 3.00 vi-sa

Restaurantes 11.00-14.30 y 18.00-22.00

Salir

Adónde ir Hay cafés, coctelerías, cervecerías artesanales y *pubs* (muchos con asientos al aire libre en verano) en todos los barrios, pero la calle con más bares y locales nocturnos es Witte de Withstraat (en Centrum).

'Borrel' Esta palabra ("bebida") alude a la costumbre de quedar para tomar algo, siempre con *borrelhapjes* (tentempiés) como *bitterballen* (croquetas redondas).

Cerveza Esta bebida se considera perfecta para pasar el rato con amigos, ya sea durante una tarde soleada como de fiesta. Tradicionalmente, se sirven variedades *lager* o *pilsener* bien frías con giste; hay que especificar *een bier* o *een pils* (vaso normal), *een kleintje pils* (vaso pequeño) o *een fluitje* (vaso alto).

Ocio Abunda la oferta musical, con numerosos festivales y recintos específicos; muchos sitios de conciertos abarcan todo el espectro musical, desde *jazz* y *rock* hasta *reggae* y R&B.

CUÁNTO CUESTA

Café 3,50 €

'Stroopwafel' 2,50 €

'Friet' 4 €

Sándwich 7-12 €

'Fluitje' (vaso de 22 cl) de cerveza 4,50 €

'Bitterballen' (seis croquetas) 5 €

Cena para dos desde 40 €

Cóctel 9,50 €

Comunidad LGTBIQ

La inclusión y la diversidad se abrazan plenamente a lo largo ancho de todo el país, primer estado del mundo que legalizó e matrimonio entre personas del mismo sexo (2001).

Orgullo en Róterdam

Las celebraciones del Orgullo en Róterdam se cuentan entre las últimas del calendario europeo, pues tienen lugar la última semana de septiembre; en ellas participan miembros y simpatizantes de la comunidad LGTBIQ+ local y visitantes. Aunque la fundación del Orgullo atravesó dificultades económicas, otras organizaciones locales intervinieron para garantizar las actividades en el 2024. En el futuro, cabe esperar que estas abarquen proyecciones, eventos deportivos, talleres de cocina, clases de baile de salón, rutas de senderismo/ciclismo/carrera con *gin-tonic* como recompensa, *brunches drag*, un desfile y montones de fiestas (se encontrará información actualizada en *openrotterdam.nl*).

ORGULLO EN LA HAYA

El Orgullo de La Haya (*pridethehague.nl*) se recuperó en el 2024, a mediados de mayo, y con ganas de popularizarlo; abarca la ciudad y la playa, con eventos como el desfile.

Del 25 de julio al 8 de agosto del 2026, la vecina Ámsterdam conmemorará el 25° aniversario del matrimonio igualitario durante el WorldPride (*worldpride.amsterdam*).

IMPRESCINDIBL

Ocio nocturno LGTBIQ+

En Róterdam, la ofert se concentra en Westblaak.

Ferry Fiestas y sesiones de DJ de jueves a lunes.

Bar Loge 90 Empapelado de leopardo, lámparas colgantes noches temáticas.

Bonaparte Espectáculos de *drags*.

Café Strano Íntimo bar abierto hasta las tantas.

KeerWeer Baile hast el alba.

En la Haya destacan **De Vink** y **'t Achterom.**

QUEER AAN ZEE

Escanea este código QR para encuentros, actividades, recintos y consejos del ambiente *queer* en La Haya.

Recursos

● **en.rotterdam.info/nightlife/gay-friendly-rotterdam** Autoridad de turismo de Rót dam. ● **essm.stichtinghumanitas.org** Parte de la Fundación Humanitas y organiza de los festejos del Orgullo en Róterdam. ● **queerfest.nl** Celebraciones en el marco la Semana del Orgullo en Róterdam. ● **denhaag.com/nl/lhbtiq-in-den-haag** Autorid de turismo de La Haya. ● **dwhdelft.nl/en** Asociación LGTBIQ+ independiente de De

Salud y seguridad

terdam y la región circundante son muy seguras, siempre
se tomen las habituales precauciones de sentido común.

AGUA DEL GRIFO

En los Países Bajos l agua corriente es mpia y potable. Se recomienda llevar una botella; hay nuchas fuentes en parques, *campings*, zonas turísticas y centros de transporte. En los restaurantes se puede pedir sin problemas *kraanwater* (agua del grifo), que normalmente es gratis.

Seguro

Es vital contratar una póliza de viaje y cerciorarse de que cubra eventualidades como accidentes que exijan volver al país de origen, y saber si la compañía pagará directamente los gastos o los reembolsará *a posteriori* al titular. Con la tarjeta sanitaria europea (TSE), los ciudadanos de la UE tienen derecho a la asistencia médica necesaria, pero no a tratamientos no urgentes ni a repatriación. Los ciudadanos de otros estados deben comprobar si existe algún acuerdo recíproco entre el suyo y los Países Bajos.

Identificación

La ley autoriza a la policía y órganos reguladores a pedir un documento de identidad; hay que llevar uno encima.

Drogas

Hay que saber que el cannabis es ilegal en los ses Bajos; aunque las autoridades suelen tolerar ar pequeñas cantidades (hasta 5 g), esto se erva de forma diferente en cada municipio y en unos se obliga a cumplir la prohibición de fumarlo ugares públicos. Para evitar riesgos mayores, ás hay que comprar drogas en la calle.

FARMACIAS

En caso de afecciones o lesiones menores, una *apotheek* (farmacia) puede aconsejar, suministrar medicamentos de venta libre y derivar a un especialista.

A TENER EN CUENTA

Robo de bicis
Más vale poner un candado o aparcar en un lugar vigilado.

Carteristas
Hay que prestar especial atención donde haya mucha gente, como en transportes y puntos de interés.

Carriles-bici
Es esencial mirar bien a ambos lados antes de cruzar uno.

Turismo responsable

Estos son algunos consejos para reducir la huella ecológica, respaldar a la comunidad local y ejercer un impacto positivo.

Transporte público cero emisiones

Utilizar el transporte público minimiza la huella de carbono. El operador en Róterdam, RET, usa energía renovable 100% generada exclusivamente en los Países Bajos desde el 2024 y completará la transici a autobuses sin emisiones en el 2030. Watertaxi Rotterdam incorporó su prim taxi acuático propulsado por hidrógeno en el 2022; más de un cuarto de su flo funciona ya con energía renovable y prevén neutralizar sus emisiones antes de 2030.

Economía circular

Según Arcadis, Róterdam es la segunda ciudad más sostenible del mundo (después de Ámsterdam). Los Países Bajos aspiran a una economía totalmente circular en el 2050 reutilizando, reparando y reciclando materiales para eliminar los residuos.

DESDE LA IZDA.: ANTHONY LEVROT/WIKIMEDIA/CC BY-SA 4.0 ©, SIPKEMA PHOTOGRAPHY/SHUTTERSTOCK ©

IMPRESCINDIBLE

Ahorrar y ayudar

Comprar comida que queda por vender a precios de saldo mediante la *app* Too Good to Go *(toogoodtogo.nl)* contribuye a evitar el desperdicio de alimentos.

Gastronomía sostenible

Muchos chefs locales abogan por la sostenibilidad atendiendo a la cercanía y la temporada. En Róterdam, el **NOTK** (p. 92) sirve pan casero con mantequilla batida a mano, mientras que el bar-restaurante **Putaine** (p. 92) de Floating Offices Rotterdam (FOR) en el Rijnhaven fermenta sus hortalizas y recurre a la pesca del día del puerto d Delft. En La Haya, el **Triptyque** (p. 128) confeccion su carta con piel de tomate y el **Calla's** (p. 128) se surte de una granja de duna ecológica.

Recursos

• **en.rotterdam.info/sustainable-rotterdam** Enlaces a propuestas sostenibles Róterdam. • **nederlandfietsland.nl** Planificador de rutas en bicicleta por los País Bajos.

CIUDAD MÁS VERDE

Los nuevos espacios verdes de Róterdam incluyen los **parques flotantes** (p. 89) del Rijnhaven, el Hofbogenpark unido al **Luchtpark** (p. 63), el huerto-azotea del edificio Schieblock que acoge el café **Teds** (p. 53), y el **Blaakpark,** el mayor parque urbano del país cuando se inaugure en el 2027.

Compras sostenibles

Róterdam se lleva el alma **De Groene Passage** (p. 56), una galería comercial "verde" con pequeños negocios sostenibles (de diseño, belleza natural, alimentación, comida vegana y textiles). La chocolatería **De Bonte Koe** (p. 83) usa ingredientes de origen sostenible, energía solar, envases reciclados y métodos de reparto cero emisiones. Los bolsos e impermeables de **Susan BIJL** (p. 83) se fabrican con tejidos a partir de botellas de plástico. Destacan las tiendas vintage **CÉNO** (p. 67) y **Daily Sneaker Steals** (p. 83), una por las fibras naturales de calidad y otra por las zapatillas de segunda mano. En Delft, en verano, el semanal **Antiekmarkt** (p. 109) suma más de cien puestos de cerámica, arte y antigüedades.

CULTURA CICLISTA

La bicicleta, indisociable del estilo de vida neerlandés, es la forma más ecológica de desplazarse, facilitada por una infraestructura excelente. Se puede alquilar una por doquier (hay una lista de negocios en *listnride.com*) o usar la *app* Donkey Republic *(donkey.bike)*.

El cambio climático y los viajes

Es imposible ignorar el impacto de nuestros viajes y la importancia de hacer cambios. Lonely Planet anima a todos los viajeros a involucrarse en su huella de carbono. Muchas webs de líneas aéreas y sitios de reservas ofrecen la opción de compensar el impacto de los gases de efecto invernadero realizando donaciones a iniciativas respetuosas con el clima en todo el mundo.

La **Calculadora de la Huella de Carbono de la ONU** muestra cómo impactan los vuelos en la cantidad total de emisiones.

La **calculadora de emisiones de carbono de la OACI** permite calcular el CO_2 generado por cada vuelo.

Accesibilidad

Transporte público

Todas las estaciones de trenes y metro tienen rampas, ascensores y escaleras mecánicas; y la mayoría de las de trenes y algunas de las de metro, también aseos accesibles. Las líneas y paradas de autobús y tranvía aptas para sillas de ruedas están indicadas. Los autobuses son de plataforma baja y algunas paradas (también de tranvía) están niveladas.

Restaurantes

Suelen estar en plantas bajas a pie de calle (*begane grond;* BG); la 1ª planta *(eerste verdieping)* es la de encima. Aun así, a veces hay escalones y no siempre tienen baños accesibles en silla de ruedas o con barandillas.

POSIBLES PELIGROS

Las calles y plazas adoquinadas de ciudades como Delft y Gouda suponen un hándicap para personas usuarias de silla de ruedas o con discapacidad visual. Las vías acuáticas (canales incl.), carecen de vallas o barreras de protección.

Aeropuertos

Reduced Mobility Rights *(reducedmobility.eu)* es un recurso acerca de accesibilidad en la UE que incluye información sobre aerolíneas, aeropuertos y derechos de los pasajeros. La web del aeropuerto de Schiphol *(schiphol.nl)* también informa sobre asistencia a pasajeros con movilidad reducida.

IMPRESCINDIBLE

Las exposiciones del **Maritiem Museum Rotterdam** (p. 48) son aptas para visitantes con movilidad reducida gracias a rampas y ascensores, hay un aseo accesible en la planta baja y una silla de ruedas a disposición de quien la necesite. Desde el museo se puede acceder a los muelles (pero no a las embarcaciones y grúas). Se aceptan perros guía. El personal reconoce el cordón verde con estampado de girasoles que indica una discapacidad oculta y ofrece asistencia. Las muestras orientadas a niños están aprobadas por la Fundación Neerlandesa para Niños Discapacitados.

PEDALEAR POR CAMPOS DE BULBOS

En Bollenstreek, Lemonbike *(lemonbike.nl)* alquila bicis y tándems ligeros y eléctricos dotados de sillín giratorio, bicicletas con sillas de ruedas incorporadas o preparadas para ello y sillas de ruedas para playa.

Recursos

- **Accessible Travel** *(accessibletravelnl.com)* Hoteles, transportes, circuitos, actividades, itinerarios personalizados y alquiler de equipos de movilidad.

Lo esencial

Horario comercial

an a lo largo del año
elen reducirse en
porada baja.

cos 9.00-16.00 lu-vi,
nos también sa
iana

és y bares
ario variable

nción al público
)-17.00 lu-vi

seos 10.00/11.00-17.00,
ayoría cierra lu

taurantes 11.00-14.30
.00-22.00

ndas 11.00-19.00 lu,
0-19.00 ma-ju, 10.00-
0 vi, 10.00-19.00 sa,
0-19.00 do

ermercados 8.00-
)0

Open
Abierto
Gesloten
Cerrado

A TENER EN CUENTA

Hora local
Hora central europea (GMT/UTC +1)

Prefijo de la ciudad
010

Emergencias 112

Población
1,02 millones hab.

ELECTRICIDAD
230V/50Hz

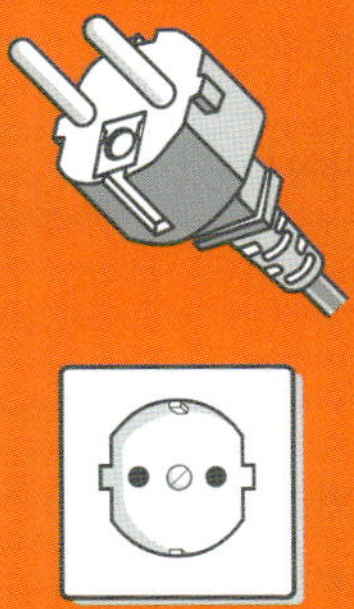

Fiestas oficiales

Nieuwjaarsdag
(Año Nuevo) 1 de enero.

Eerste Paasdag (Domingo de Pascua), marzo/abril.

Tweede Paasdag (Lunes de Pascua), marzo/abril.

Koningsdag (Día del Rey) 27 de abril (o 26 de abril si el 27 cae en domingo).

Bevrijdingsdag (Día de la Liberación) 5 de mayo; mucha gente trata el Dodenherdenking (Día del Recuerdo; 4 de mayo) como un festivo.

Hemelvaartsdag
(Día de la Ascensión) 40° día después del Domingo de Pascua.

Eerste Pinksterdag
(Pentecostés) 50° día después del Domingo de Pascua.

Tweede Pinksterdag
(Lunes de Pentecostés) 50° día después del Lunes de Pascua.

Eerste Kerstdag
(Navidad) 25 de diciembre.

Tweede Kerstdag
("Segunda Navidad") 26 de diciembre.

Lavabos públicos

Los hay en la planta superior de la estación
ntraal de Róterdam y en los céntricos grandes
acenes De Bijenkorf. La *app* HogeNood *(www.
enood.nu)* muestra en el mapa los más próximos
ubicación del usuario en restaurantes de comida
ida, centros comerciales, edificios públicos,
cinas de turismo y *pubs*.

Idioma

Lo básico

Hola.
Dag/Hallo.
dakh/ha·loh

Adiós.
Dag. *dakh*

Sí.
Ja. *yaa*

No.
Nee. *ney*

Por favor.
Alstublieft. (for)
po al·stew·bleeft
Alsjeblieft. (inf)
a·shuh·bleeft

Gracias.
Dank u/je. (for/inf)
dangk ew/yuh

Disculpe.
Excuseer mij.
eks·kew·zeyr mey

Perdón.
Sorry. *so.ree*

Frases útiles

¿Cómo está/estás?
Hoe gaat het met u/jou? (for/inf).
hoo khaat huht met ew/yaw

Bien, ¿y usted/tú?
Goed. En met u/jou? (for/inf). *khoot en met ew/y*

¿Habla inglés?
Spreekt u Engels? *spreykt ew eng·uhls*

La cuenta, por favor.
Mag ik de rekening alstublieft? *makh ik duh rey·kuh·ning al·stew·bleeft*

¿Cuánto cuesta?
Hoeveel kost het? *hoo·veyl kost huht*

¿Dónde está...?
Waar is ...? *waar is...*

¿Qué hora es?
Hoe laat is het? *hoo laat is huht*

Las (10) en punto.
Het is (tien) uur. *huht is (teen) ewr*

Las (10) y media. **Half (elf).** *half (elf)*
(lit: half eleven)

...de la mañana. **'s ochtends.** *sokh·tuhns*

...de la tarde. **'s middags.** *smi·dakhs*

...de la noche. **'s middags.** *saa·vonts*

ayer. **gisteren.** *khis·tuh·ruhn*

mañana. **morgen.** *mor·khuhn*

Números

1	2	3	4	5
één	**twee**	**drie**	**vier**	**vijf**
eyn	twey	dree	veer	vey

Información útil

No es fácil dominar el argot de otro idioma,
› se anima a prestar atención a estas expresiones
ntentar usarlas.
se usa para saludar, despedirse y llamar la
ıción; **groetjes** también es común ("saludos").
dag es un "adiós" corriente.
s es un "adiós" informal ("chao").
ost equivale a "chinchín" en un brindis.
ker se traduce como "delicioso", "guay",
ıtástico", etc., según el contexto.
ınd significa "playa".
s quiere decir "bicicleta".

EMERGENCIAS

¡Socorro! **Help!** *help*

¡Llamad a un médico! **Bel een dokter!** *bel uhn dok·tuhr*

¡Llamad a la policía! **Bel de politie!** *bel duh poh·leet·see*

Me he perdido. **Ik ben verdwaald.** *ik ben vuhr·dwaalt*

Me encuentro mal. **Ik ben ziek.** *ik ben zeek*

Comida

Bitterballen
Croquetas redondas rellenas de ragú con salsa de mostaza
atatje Patatas fritas en un cucurucho de papel con kétchup y/o mayonesa
ınnenkoeken Tortitas dulces o saladas
offertjes Minitortitas con mantequilla y azúcar glas
oket Croqueta rellena ragú en un panecillo

Sonidos característicos

El diptongo *"öy"* se pronuncia *"ei"*, mientras que el dígrafo *"kh"* corresponde a la *"j"* española.

TRANSPORTE E INDICACIONES

¿Cuánto dista? **Hoe ver is het?** *hoo ver is huht*

¿Cuál es la dirección? **Wat is het adres?** *wat is huht a·dres*

¿Me lo puede mostrar (en el plano)? **Kunt u het mij tonen (op d ekaart)?** *kunt ew huht mey toh·nuhn (op duh kaart)*

Un billete para [...], por favor. **Een kaartje naar... graag.** *uhn kaar·chuh naar...khraakh*

Por favor, lléveme a [...]. **Breng me alstublieft naar...** *breng muh al·stew·bleeft naar...*

6	7	8	9	10
zes	**zeven**	**acht**	**negen**	**tien**
zes	zey·vuhn	akht	ney·khuhn	teen

Índice

Puntos de interés p. 000
Págs. de los planos **p. 000**

Véase también los subíndices:
Comer p. 158
Beber p. 159
Comprar p. 159

Beber

Comprar

La opinión del lector

Nos encanta escuchar a los viajeros, ya que con sus comentarios nos ayudan a mejorar nuestros libros. Podéis escribirnos a lonelyplanet.com/contact; leemos todos los mensajes y garantizamos que estos lleguen a los autores.

Nota: Es posible que algunos fragmentos de estos mensajes aparezcan en nuevas ediciones de las guías Lonely Planet, en la web o en productos digitales. Si preferís que vuestro contenido o nombre no sean publicados, por favor, indicadlo claramente. Para obtener una copia de nuestra política de privacidad, podéis visitar lonelyplanet.com/legal.

geoPlaneta
Av. Diagonal 662-664, 08034 Barcelona
www.geoplaneta.com – www.lonelyplanet.es

Lonely Planet Global Limited
Lonely Planet Global Limited, Digital Depot,
The Digital Hub, Dublín D08 TCV4, Irlanda
www.lonelyplanet.com
Contacta con Lonely Planet en: lonelyplanet.com/contact

Róterdam de cerca
1ª edición en español – septiembre del 2025
Traducción de *Pocket Rotterdam*, 2ª edición – julio del 2025

Editorial Planeta, S.A.
Av. Diagonal 662-664, 7º. 08034 Barcelona (España)
Con la autorización para la edición en español de Lonely Planet Global Limited, Digital Depot,
The Digital Hub, Dublín, D08 TCV4, Irlanda

ISBN: 978-84-08-30619-1
Depósito legal: B. 6.908-2025
Impresión y encuadernación: Unigraf
Printed in Spain – Impreso en España